かなしろにゃんこ。

監修・解説
石井京子
日本雇用環境整備機構
理事長

発達障害で問題児
でも働けるのは
理由《ワケ》がある！

kokoro library
講談社

0 プロローグ

ドンザーイ
リュウ太が就職しましたー
ドンザーイ
立派な社畜になりやーす
社畜ってあんたねぇ言葉悪いわよっ社会人なんだから言葉選びなさい
ハイハイわかってるよ
は〜〜もっとブラブラして遊んでいたかった
ダリー
これからは毎日仕事かぁ〜
毎日動画見てアハハウフフ
POTA
CHOCO
お菓子いっぱい食っちゃ寝

なに言ってるの
今までさんざん
遊んできたでしょ
大人になったからには
国民の義務を
果たさないとね
納税の義務
勤労の義務
教育を受けさせる義務
人生は甘くないの
これからは
山あり谷ありの
険しい道を歩むのよ
人生のセンパイ風ビュービュー
それより
大事なこと
忘れてる
自己紹介
おっと
自己紹介を
忘れてました
このマンガを
描いています
かなしろにゃんこ。です
こっちは
発達障害がある
息子のリュウ太
(22歳)です
ちゃーーす

リュウ太は注意欠陥障害が重度
生活面で困難なことが多いうえ
アレ？ ランドセルどうしたっけ……
人とうまくつき合えなくて毎日イライラしてしまう子でした
小1のときに用意されたリュウ太専用のクールダウンスペース
社会でやっていけるのかとても心配でしたが
ぶわっ
なんとか就職することになりまして
うう……感無量です
この本ではうちの子が就職するまでに経験したアルバイトのことや
お金の管理
健康管理
時間の配分
責任感

うまくいったこと失敗したことなど
ガチでインタビューしてマンガにしました
オットットット
ソーシャルスキル
資格
やる気
ビジネスマナー
私と同じく発達障害がある子を育てる親御さんやこれから社会に出ようとしている人に
役立ててもらえる情報があればいいなと思っています

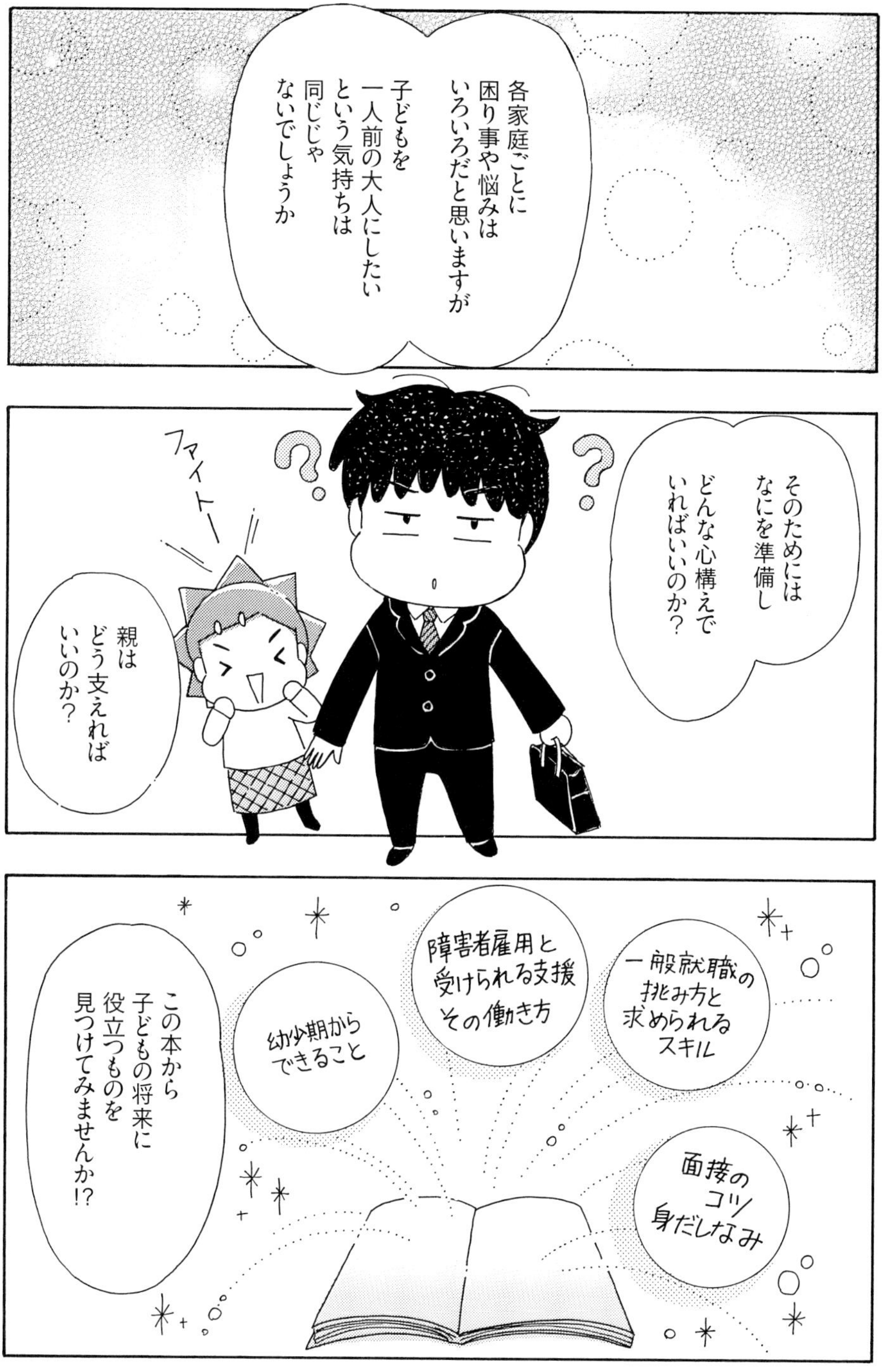
各家庭ごとに困り事や悩みはいろいろだと思いますが
子どもを一人前の大人にしたいという気持ちは同じじゃないでしょうか
そのためにはなにを準備しどんな心構えでいればいいのか？
ファイトー
親はどう支えればいいのか？
一般就職の挑み方と求められるスキル
障害者雇用と受けられる支援その働き方
面接のコツ身だしなみ
幼少期からできること
この本から子どもの将来に役立つものを見つけてみませんか!?

リュウ太が仕事につくまでのドタバタ赤裸々告白マンガ読んでください！
オレのドジ話を母に話したらマンガになっちゃいました
今さら恥ずかしがるなよ
マンガ家の家族はね恥を描かれてしまう運命なのよ
あっ命綱忘れた！
グラ
グラ
いつも準備不足でぶっつけ本番の危うい子なんです
ワークスキル0《ゼロ》！やる気30％程度！リュウ太の綱渡り半生記はじまりま〜す

監修者ごあいさつ

みなさん、こんにちは。この本の監修・解説を担当する、キャリアアドバイザーの石井京子です。私はこれまで18年にわたり、人材紹介会社でさまざまな障害がある方の就職・就業の相談を受けてきました。発達障害がある方の相談に限っても、ざっと700～800人に会っています。

現在は企業側や親・支援者にも理解を深めてもらうため、一般社団法人を設立し、執筆や講演などを通じて啓発にも取り組んでいます。「企業と発達障害の人の間の潤滑剤」になりたい――そんな思いで活動してきました。

この本では私の経験にもとづき、発達障害がある人の進路選択や就職活動に役立ちそうな情報を、章ごとにマンガのあとにまとめてあります。リュウ太くんのエピソードは小学生時代にまで遡りますが、解説では本人に就労意欲さえあればいつでも始められることを中心に書きました。

将来の自立に向けた準備は早くから始めたほうがいいのですが、出遅れたからといって、諦める必要はありません。「できること」は必ずあります。この本が、就労を目指す発達障害の当事者や、それを支えたいと考えている親・支援者のヒントとなれば幸いです。

発達障害
ぼくの特性です
小さい頃から
いろいろな問題が
ありました
気になることや
思いつきに意識
が向いてしまい
集中できない
注意散漫
忘れ物や
失くし物が多い
¥
だっ
よし
やろう!
思いついたら
行動してしまう。
危険なことでも
やりたくなる
不注意と衝動性
怒ったり
落ち込んだり
起伏が激しい
なんだよ もうっ
やなことばっかり
感情のコント
ロールが苦手
不測の事態や
予定変更で
取り乱しやすい
パニック
イヤな出来事を
生々しく
思い出してしまう
フラッシュバック

暑さ・寒さ・空腹感・疲労感・
痛みなどに気づきにくく
体調不良の原因にもなっている

感覚鈍麻《どんま》

指先を使う
細かい作業が
苦手

不器用

いつも体の
一部を動かしている。
じっと座って
いるのが苦手

多動性

洋服のタグや
洗剤などの
化学製品で
肌がかゆくなる

大きな音や
発泡スチロールが
こすれる音などで
気分が悪くなる

感覚過敏

多くの情報から
必要なものを
選ぶのが苦手

情報処理の弱さ

作業しながら記憶
できない。数秒前の
ことを忘れる場合も。
でも得意分野のことは
よく覚えている

短期記憶が弱い

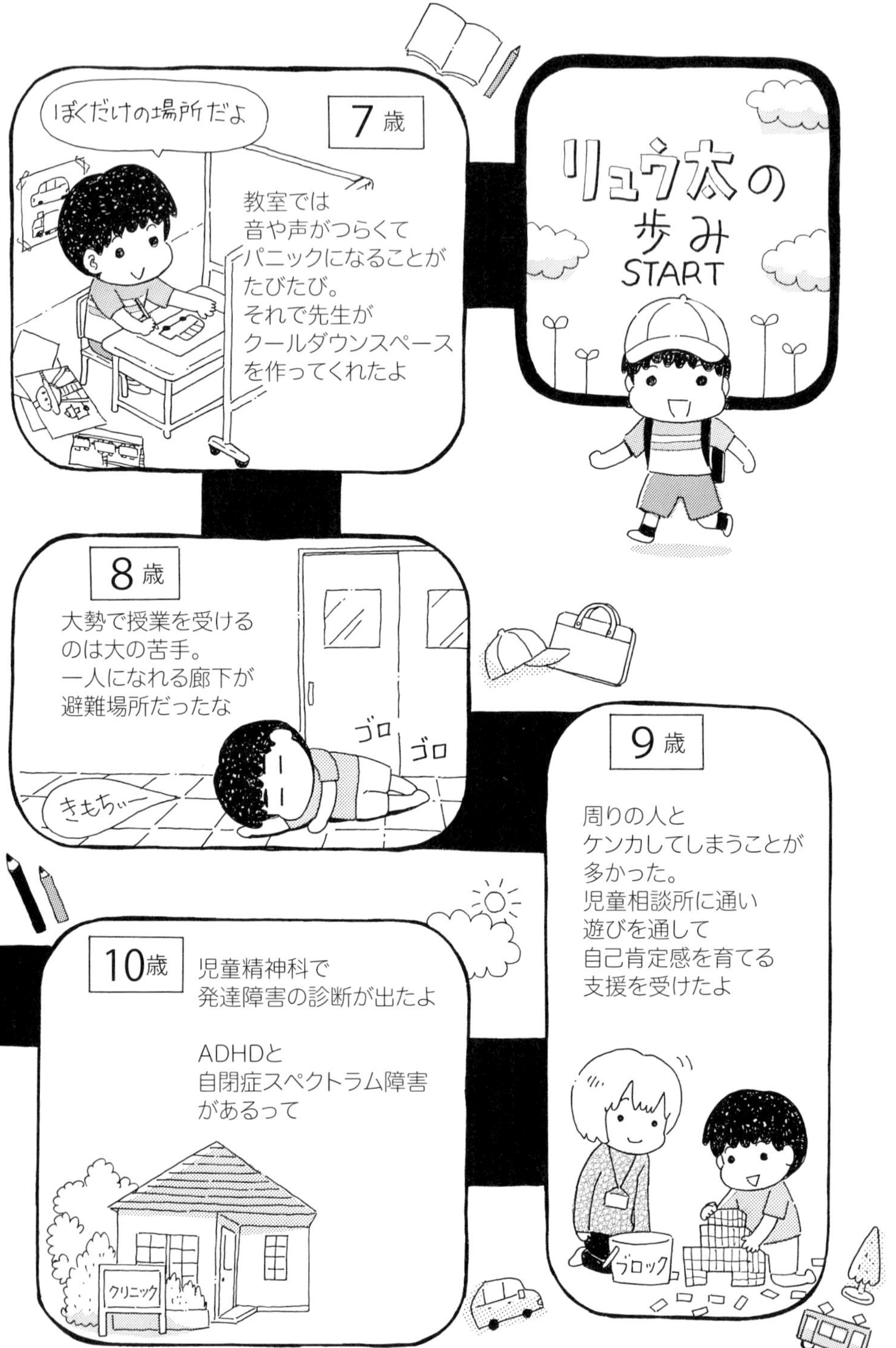
リュウ太の
歩み
START
7歳
ぼくだけの場所だよ
教室では
音や声がつらくて
パニックになることが
たびたび。
それで先生が
クールダウンスペース
を作ってくれたよ
8歳
大勢で授業を受ける
のは大の苦手。
一人になれる廊下が
避難場所だったな
ゴロ
ゴロ
きもちぃー
9歳
周りの人と
ケンカしてしまうことが
多かった。
児童相談所に通い
遊びを通して
自己肯定感を育てる
支援を受けたよ
ブロック
10歳
児童精神科で
発達障害の診断が出たよ
ADHDと
自閉症スペクトラム障害
があるって
クリニック

11歳
親から
ぼくは発達障害だと
聞かされて
大ショック！
自分は
みんなと どこか
違うと思ってたけど
そのせいか！
15歳
中学卒業後の
進路をめぐって
父親と対立。
普通科はどうしても
イヤだった！
普通科は
やだよっ
やりたいこと
ないし！
16歳
結局
自動車整備士を目指して
専修学校に進学
整備士を目指して
スタート！
16〜20歳
アルバイトを経験して
自分のことが見えてきた！
仕事には
向き・不向きがある
つづきは
本編で

目次

資格
やる気
ソーシャルスキル
ビジネスマナー

1 「お手伝い」ってやる意味あるの？

リュウ太にとって人生最初の「働く」体験といえばお手伝いでした
こうやって床拭いてね
床拭きって1回いくら？
うちでは主にトイレ掃除 床拭き 買い物 この3つをたのんでいました
サイフ
人に必要とされる喜び
感謝される喜び
お金を稼ぐ喜び
お手伝いを通じてこれらを学んでくれたらいいな
こう思っていたわけですが

お手伝いって今の仕事に活きてるのかな？
お疲れさま〜
ただいまー お弁当ごっさんです
22歳
子どもの頃 リュウ太は お手伝いをどう 受けとめていたのか？
どう感じて いたのか 聞いてみました
スーパーザスコ
小学生のとき 買い物の お手伝いして くれてたね〜
うん 1つだけお菓子 買ってよかったから やってた
あの頃は たのんだ物を きちんと買って こられなかったっけ
5Kg 1880円
5Kg 1990円
もち米
ははは 今も必ず1個は 買い忘れるけどね

メモに
買う物が
ゴチャゴチャ
書いてあると
頭の中が
こんがらがるん
だよね
ごちゃあ
にんじん（3本入り）
糸こんにゃく（白）
もやし（29円のふくろ）
とうふ（きぬ）
せんざい（198円の）
きくらげ（小さいふくろ）
のり（青いふくろ）
みりん（みりん風じゃないもの！）
マッキー（太いもの）
きゅうり 1本
歯ブラシ ふつう 1本
10歳の頃
母のメモは
わけがわからなかった
食品
パスタ類
きくらげ？
みりん？
なんだそれ
知らねー
わからない物が
あったら
お店の人に
聞いてね！
ない
ない
どこにも
置いてない！
知らない物は
スルーするマイルール☆
オイ コラッ
お母さんの
注意事項を
思い出しなさいよ
母の言葉を
思い出すことはない
そうだ！
先に
お菓子
選ぼっ
♪

ただいまー
おかえりなさい
ありがとうね
リュウ太
ガサ
ガサ
あっ
やっぱり
きくらげと
みりん
忘れてる
売ってなかったんだよ
探したけど
見つからなかったんだよ
本当だよ!
そうなの
まぁいいわ
急ぎで使う物じゃないから
明日買うわ
ありがとう
助かったよ
うん……そう
あのさぁ
お母さんのメモさー
見にくいんだよね
豆腐の下に
洗剤が
書いてあったり
探しにくくて
ヤダ!
そうなの!?
種類や売り場
ごとに分けて
書かないと
いけなかった!?
思いついた物から
記入してたわ
にんじん (3本入り
糸こんにゃく (白)
もやし (29円のふくろ
とうふ (きぬ
その後
母のメモは
改良されて
マシになったけど
買い物は
ぼくにとって
大変なお手伝いだった
イラストつきに
なった
売り場ごとに
まとめた
トマト 1ふくろ
小松菜
グレープフルーツ (ルビー)
味のり (300円くらいの)
ふりかけ (すきなもの えらんでいいよ)
牛乳 500ml
カスピ
ヨーグルト (プレーン500ml)
サラダ油 (400gくらいの)
マヨネーズ (大きいの)
豚バラ 肉
300g〜400gくらい

荷物は
重いし
1時間くらい
かかるし
遊ぶ時間
なくなっちゃうよ
よいしょー
なのに
お駄賃が
100円って
安すぎだろっ
オカン
ケチかよっ
こう思って
たんだよね～
そーなの!?
お菓子も
買ってあげてたのに
不満だらけかっ
だって
1時間かかって
るんだから
地域で決められている
最低賃金の時間分の額を
支払うべきでしょっ
子ども
だからって
ごまかそうとして
たよね！
ベラ
ベラ
「適当に
アメ玉しゃぶらせ
とけばいいや」
みたいな空気は
感じとってたからね
ベラ
ゔっ
人を
攻撃するときは
調子よくしゃべるな

頑張った割に
お駄賃が少ないと
やる気が出ないよ
ちゃんとできないと怒られたり
賃金が100円から50円に下げられたり
労働者の権利が守られない!
それがお手伝いだ!!
でも
「手伝って」と言われると
断りづらいし
強制労働みたいに
感じることはあったよ
そんなふうに
思ってたの
はい
そうです!
ズバー
くるみパン
お金を稼ぐ手段が
お手伝いしか
なかったから
少ない賃金で
ガマンするしか
なかったってこと
ナマイキな……
私が育った昭和は
50円や100円でも
超ラッキーだったのに
乗り物
よく調べて
詳しい
その他のこと
どうでもいいので
よく知らない
お買い物を
させようと思ったのは
リュウ太は
自分の好きなことは
物覚えがいいけど
興味がないことには
目もくれないから
なんだよね

だから物やその名前を覚えたり困ったときは誰かに尋ねたりする練習もさせたかったし
すみません
ありがとうできたね
エヘヘ
成功体験も積んでほしかったのよ リュウ太ができる範囲の仕事をたのんだつもりだったんだけどね
「あなたのため」って言われてもハードルの高いことをさせられて困ることもあるんだ
お手伝いは一人では不安
慣れるまでは
一緒にやってほしい
タマゴのM持ってきて
はーい
お駄賃が少ないんだから
もっとほめてほしいし
ねぎらってほしい
すごい助かりました
ペコペコ
ぼくのおかげだよ!
でも学んだこともあるよ
お手伝いを通してわかったのは
「家事」という仕事があって
やってみると大変ってこと
曜日によって分けて捨てるんだな
ゴミ

たいした働きは期待せず でも全力でヨイショしながら 一つ一つていねいに教えてあげるといいってことね！
言い方がひっかかるけど そういうことだね
お父さんとお母さんはね リュウ太が大きくなったら 社会できちんと役割を担える人間に 育ってほしくて お手伝いをさせたし
地域で行われる集まりにも 積極的に参加したんだよね
リュウ太 お皿配って
ジュー
ジュー
障害がある子どもを持つ家庭の バーベキュー大会& アスレチック大会
それに 家族以外の人に慣れさせようと 親戚大勢での旅行にも行ったりしたんだよ
ご無沙汰してます
おじさん お元気そうですね
こんにちは
久しぶりだね リュウ太くんは いくつになったの
わい
わい

いろいろな年齢の人が集まる場所は挨拶や礼儀を身につけるのにいいと思ったのよ
親がそういうねらいでいたのは知らなかったな
親戚多すぎて誰が誰だかわからなかったけど人には慣れたかもしれないね
だから今は大勢で集まるイベントにも参加できてるよ
サーキットでレースして夜は星空キャンプ
だけど親戚の前でオヤジに成績をバラされるのイヤだったな
うちのリュウ太は勉強ができなくて
それはお父さんが悪いね
ムキ～～
みんなムカツク～
小学生の頃は人とうまく関われなかったのに変わったよね

ああ そうだね
アルバイトするようになってからかな?
コレ買って
ばかにうまい
いつも遊んでばかりでなかなかお手伝いをしてくれなかった子なのにね
えー お手伝い めんどくさい
ゲーム やりたいのに〜〜
ぶーぶー
働くようになったのがホント不思議よ
そういうところも変わったと思うよ
自然にできるとこ
オレを買い物に連れていくって「荷物持ち」ってことでしょ!? そのくらいはフツーにやるよ
助かる〜
リュウ太を大人にしてくれたのは親ではなく世間さまだったようです

プロの視点

家庭でのお手伝い経験こそ、自立への第一歩

役割意識が育ち特性理解にもつながります。配慮のもと、ぜひ実践してください！

◆お手伝いを通じて役割意識を育てることができる

お手伝いの教育的意義については、にゃんこ。さんがマンガでずいぶん説明してくださいましたが、私からもう少し、大切なことを補足させてください。

お手伝いとは、〈家事の一部分担＝家族に貢献すること〉です。幼少期に家庭内でお手伝いをすることは、将来社会に出て働いていくために非常に大切なことだと、私は考えています。なぜならお手伝いは、「他者に対して、自分なりに役割をもって関わる」という最初の経験になるからです。

発達障害のある人には特有の視野の狭さがあり、家族がすべての家事をしてくれている事実に気づかない場合があります。さらに、子どもであれば体験してみないとわからないことがたくさんあり、とくに「自分の役割を果たす」ということは、お手伝いという枠組みを用意してあげないと経験できません。

まずは家族の家事労働を理解してもらい（たとえば「朝食は自然にはできあがらない。誰かが調理している」など）、その一部を家族の一員として担う経験から始めましょう。お手伝いは、社会の中で「自分の役割を果たす」ことにつながる第一歩なのです。

また、リュウ太くんがお手伝いを通じて「メモの理解が苦手」とわかったように、お手伝いをしてみると、その子の得手・不得手が見えてきます。お手伝いは、親が子どもの特性に気づき、苦手をカバーする方法を見つけるチャンスでもあるわけです。この経験は、将来の就職活動で自分の特性を理解し、向いた職を探すことにつながっていきます。

逆にお手伝いを経験していないと、より難しいアルバイトやボランティアはできません。家で何もさせずに「卒業したら働きなさい」と言っても、子どもは働くことを想像も理解もできないまま社会に出ていくことになります。そんな事態は避けたいですよね。

◆何を手伝ってもらってもいい。ただし、失敗しない配慮を

子どもにしてもらうのは、どんな小さなお手伝いでもよいと思います。できることから始めて、慣れたらその子どもの担当として任せます。そして、徐々に数を増やしていきましょう。

よくあるお手伝いとしては、

・玄関の掃除　・トイレ掃除　・床拭き　・ゴミ出し
・風呂掃除　・洗濯　・配膳　・食器洗い

などが思いつきますが、にゃんこ。さんのように買い物を頼んだり、「郵便受けに新聞を取りにいく」「肩もみ」などでもいいのです。ただし、次のような配慮が必須となります。

①無理なことはやらせない

たとえば、嗅覚が過敏な特性がある子どもにとっては、ゴミ出しは人一倍苦痛でしょう。買い物は計算やお店の人との会話、そして金銭のやりとりが発生するので、計算が苦手な子どもやコミュニケーションが苦手な子には難しいかもしれません。

②ハードルは低くしておく

発達障害のある子どもは初めに失敗すると、それがトラウマとなり、二度とやろうとしなくなりがちです。逆に、ほめればどんどんできるようになります。前向きな気持ちで取り組めるよう、最初に失敗させない気配りをしましょう。

たとえば、小学校低学年の子どもに買い物を頼むときは、本人がわかっている1つの商品だけを頼むことから始めます。渡すお金もおつりが出ないようにするとよいでしょう。いろいろなお店で買い物の経験を重ねたあと、徐々に買い物の品目や金額を増やします。

また、一度に多くを頼むのではなく、「洗った食器を拭く」「食卓に食器を並べる」「洗濯物を畳む」などのシングルタスク（1つのこと）から始めるようにしましょう。

③慣れるまでは一緒に。できたら「ほめる」

子どもにとっては、どのお手伝いも最初は不安が大きいはず。慣れるまでは一緒にやり、その後、一人で練習をさせましょう。慣れたら一人でやるように仕向けていき、最終的には自主的にやってくれるようになったらベストです。そして、できたらたくさんほめて、本人に自信をもたせることも忘れないようにしましょう。

④「あれしなさい！」「これしなさい！」とは指示しない

親が頭ごなしに指示すると、本人のモチベーションが育ちません。

私が以前、就職をお手伝いした子どもの保護者は、

「お母さんはとても大変だから、これはあなたにお願いできないかしら？」

「やってくれるの？　嬉しい！　とっても助かるわ、ありがとう！」

などと〈弱くて助ける必要のある人〉をわざと演じてみせたとのことですが、このようにすると、子どもが誇らしげにお手伝いをしてくれたそうです。

◆お駄賃をあげるなら、こうするといい効果が期待できる

家庭により、お駄賃なし、1回10円、1回100円など、さまざまな考え方があると思います。お駄賃をあげる・あげないよりも、「子どもと取り決めをして、そのルールを守ること」が大事だと私は考えています。

しかし、その都度お駄賃を渡すと金額が小さくありがたみがありません。実際、リュウ太くんも反発していました。次のようにしてみてはどうでしょう。子どもが自分の欲しい物を買える額になるかどうかはわかりませんが、お手伝いをするたびにカレンダーにシールを貼るなど可視化して、お金は1ヵ月分をまとめて渡すのです。渡される額が大きくなるので、効果がありそうです。

また、お駄賃を渡すときには「いつもありがとうね」と感謝の言葉を添えて渡しましょう。「家族に貢献しているからお駄賃がもらえる」という意味合いをもたせ、くり返し言葉で伝えることが大事なのです。

◆「貢献する意識」を家庭内から社会へと広げよう

家庭でのお手伝いを通して「周囲の人に貢献することが大切だ」という考え方が育ってきたら、それを外でも発揮してもらいましょう。たとえば、学校が挙げられます。

貢献することに価値があるという考え方は、学校生活でも大切です。クラスには掃除や委員会、係の仕事があります。お手伝いをぜひ、そうした活動に対して子どもが積極的に取り組む糸口にしたいものです。最近は掃除をサボる子も多いそうですが、親が「うちの子だけじゃないから、まあいいわ」などと考えるのはNGです。

一般に、企業が採用したがるのは「自分の役割をきっちりこなす人」です。誰も見ていないところでも、自分の業務にコツコツ真面目に取り組む姿勢は評価されます。そうした態度は、小さい頃から身につけさせておくのが望ましいのです。

また、活動の場を外に広げることによって、社会性を育むことも大事です。職場では、大勢の人たちと一緒に長い時間を過ごすことになるからです。この意味で、にゃんこ。さんが、バーベキュー大会や旅行へリュウ太くんを連れ出し、大勢の人たちと一緒に過ごすことに慣れさせ、ふるまい方を学ばせたのは、いいアイデアだったと言えるでしょう。

2 はじめてのバイトで「社会の目」を知ったよ

ねえ リュウ太 アルバイト はじめてよ
リュウ太 16歳
え〜 働くのヤダよ 学校の実習で 疲れてるんだから
そんな 甘いこと言ってる 場合じゃないのよっ
学費の支払いで 家計が大ピンチなのっ
お小遣いは 自分で稼いで ちょうだいなの
!?
あっ あと 携帯電話代と 学校の交通費も 半額出して
ゴメーン
この時期 引っ越しをして 家計が火の車でした
え—— ウソだろ うちって 貧乏なの!?

――って
急に言われても
なにをしたらいいか
わかんねーし
お母さんの友だち夫婦のラーメン屋でアルバイトを募集してるんだって!
らーめん
めん
シュー
学校の後に週3回働けるように話しておいたからさ
なんで勝手にそんな話になってんの!?
自然とそういう流れになっちゃって……
大丈夫よ そのラーメン屋メニューが少ないから
キムチ
ワカメ
もやし
タマゴ
チューハイ
ビール
友人で経営者のエミリちゃん
このとき母はやたらとバイトをすすめてきた
パート アルバイト用 履歴書
封筒付き
ほらほら 履歴書もって面接に行ってきて
「りれきしょ」ってなに?
願書みたいなものよ 書き方教えてあげるから
ねっ

このことは計画的だったと後になって聞かされたよ
できた
失敗↓
現在
どうも22歳になったリュウ太です
母はぼくに早く社会勉強をさせたくて
お金に困ってることにして働くように仕向けたんです
家計が大ピンチだったのは本当よ！
ぎっ
女優の母
お金がないの助けて
リュウ太にもいい経験になると思ったし～～
本当はこうだった
遊ぶ金ぐらい稼いでこいよ
は？誰その鬼
でもリュウ太は怒られるとすぐ逆ギレするから
ざけんじゃねー
うっせーんだよコラー
バイト先で反抗しないか心配だったけどね

今だから言うけどさ
リュウ太は
作業しながら
聞いて記憶するのが
苦手だったじゃない!?
だからバイトを
開始する前に
お店には
苦手なことや特性を
伝えておいたの
ワーキングメモリ
情報の一時保存と活用
スッキリ
ごちゃ
やや急ぎ
急ぎ
情報
後回し
いらない
後回し
急ぎ
やや急ぎ
情報
後回し
急ぎ
大至急
いらない
発達障害が
あると
知っててもらえば
ある程度
配慮を受けながら
働けるかもしれないと
思ったのよ
今まで
おっちょこちょいの
子を
たくさん雇って
きたから
大丈夫だよ
そうなの!?
おドジでも
いいの?
うちの店
駅前開発で
突然閉めるかも
しれないけど
それでもいいかな?
ありがとう
こうして
発達障害があるのを
理解してもらって
働くことになったんだ
らーめん

母の根回しで右も左もわからないままアルバイトをスタートさせました
アサヒビール
いらっしゃいませ――
とりあえずメニュー覚えて
トッピング多いんで
はい
先輩
お母さんウソつき
メニュー30以上あるじゃねーか
メニュー少ないから
最初にやった仕事は接客だったな～
①注文を受ける
②メニュー札を客の前に並べる
③厨房にオーダーを伝える
これだけの仕事
はい
キムチラーメンとカラアゲ
カラアゲ
キムチラーメン
キムラーとアゲ1丁
あざーす

このラーメンはどのお客さんのだろう？
こういうとき札のおかげでずいぶん助かったな～
でも混んでくるともう焦りまくり
はい
ワカメましまし油ラーメンね
こっちカレーラーメンとタマゴ
はい
もやしミソ大盛り
いろいろな作業をしながら注文を聞くことになって
え～と……今なにを……注文されたっけ？
空返事になっちゃったりして
しお
みそ
ネギ塩
ジュース
ヤバイ……完全に忘れた……
え～とえ～となんだっけ……
なんとか思い出そうと粘って考えると厨房にオーダーを伝えるのが遅れるしテンパりまくり!!
フリーズ

ぼくがフリーズしているのを見て先輩が助けてくれた
注文忘れたの!? お客さんにもう一度聞いてみて
はい!
あの～注文忘れちゃって～すみません
カレーラーメンとタマゴだよ
オレはもやしミソ大盛りだよ
はい!
ああそうだった
困っていると常連さんが助けてくれることもあったな～
忘れたら謝って聞き直せばいいのか!
すみません注文もう一回いいですか!?
「話しかける」こんな簡単なことにも最初は勇気が必要だった
注文はお客の目を見て受けないと忘れちゃう! 気をつけよう
ヘマをしながら働きやすい方法を探っていった感じかな
それで混乱したときに落ち着く方法も発見したっけ
らーめん
らーめん
チャーシュー

やることが5つ以上になるとヤバイ！
会計
お冷や出し
片づけ拭き掃除
洗い物
席案内
追加注文
受注とオーダー通し
作業の優先順位がわからなくなる
こういうときは「動きが止まるか鈍くなっている」と店長が教えてくれたんだ
自分は今混乱してるな
早く落ち着かなきゃ
このままではマズイと思って
なにかしなきゃ！
がしっ
ごくごく
水をガブ飲みしたら
ふぅ
んー!? コレは落ち着くな気持ちが切りかわる感じだな
こう気づいたんだ

あわててもしようがない
まず洗い物をしよう！
目の前のことに一つ一つ取りくんでいきながらさらにクールダウンしてやりすごしたよ！
そうだ忘れないように注文を受けて札を並べるまで小声でつぶやくようにしよう！
チャーシューラーメン
チャーシューラーメン
ブツブツ
こんな対策で忙しい時間を乗りきれるようになったとき
働くって楽しい
こう思えるようになったっけな～
ヘマしたときは先輩や店長が話しかけてくれて和ませてくれたのもうれしかった！
まっ 気にすんなよ ゆっくりやろうぜ
飲めよ
あざす いただきます
手が遅いっ
たまに盛りつけもやる
ひーー
店長は普段優しい人だけど忙しいときはどなられる！

でもそれは
お客さんに
早くラーメンを
出したいからだと
わかるので
すみません
逆ギレはしないよ
不器用だから
超苦手作業
リュウ太ー
ぶっちゃけ
オヤジのほうが
恐いし
怒られ慣れて
るんで平気っス
そして
働きはじめて
こんなことにも
気がついた
それまでぼくは
人の目を気にする
ことがなくて
自分がやりたいように
やってきたんだけど
ムス〜
とろ〜ん
嫌いな科目のとき
ここには
「社会の目」が
あるな……
自分は
人に見られている
見たままを
評価されているって
感じたから

顔だけでも ちゃんと しないとな
それからは「よそゆきの顔」を使うようになったんだ
キリーリ
現在
へ〜 そんなふうに 考えていたのね
お母さんの友だちの店だから迷惑かけたらマズイなって思ったよ!
使えないヤツと思われないか緊張したし
イヤイヤはじめたのに1年以上も続けられて意外とやるじゃないって思ったよ
発達障害があるリュウ太をまわりの人が気づかってくれたからだよね!
へ? そーなの 知らない
早く
店長は 怒ってても 今だけだから すぐ忘れるし 大丈夫よ
はい
まったく 気がついて なかったよ そういえば みんな 優しかった!

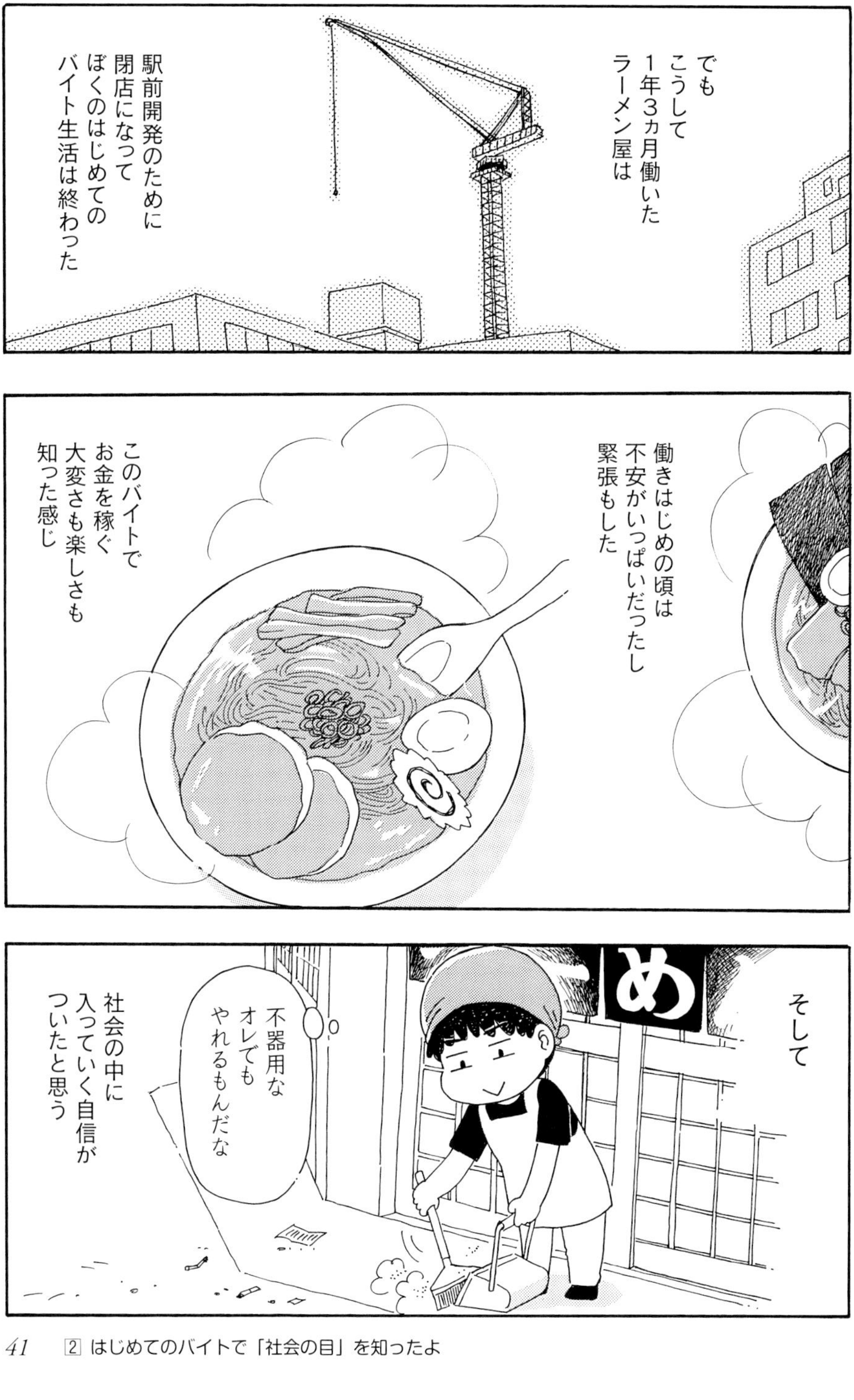
でも
こうして
1年3ヵ月働いた
ラーメン屋は
駅前開発のために
閉店になって
ぼくのはじめての
バイト生活は終わった
働きはじめの頃は
不安がいっぱいだったし
緊張もした
このバイトで
お金を稼ぐ
大変さも楽しさも
知った感じ
そして
め
不器用な
オレでも
やれるもんだな
社会の中に
入っていく自信が
ついたと思う

プロの視点

「家族以外の人と過ごす経験」が将来につながる

社会性を養える場を複数、見つけましょう。アルバイトでなくても大丈夫です！

◆社会に出るため、いきなりアルバイトをする必要はない

発達障害のある子は社会性が育ちにくい傾向があるので、家族以外の人と関わりをもてる場を意識的につくるのはとても重要です。リュウ太くんは親のすすめでアルバイトをしましたが、アルバイト以外でも、社会性を身につけられる機会はいろいろとあります。

◆できれば「学校選び」から。部活は子どものタイプを見て選ぶ

まず第一に、学校や学校での部活動が挙げられます。

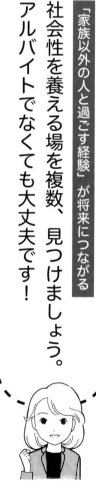

授業で自ら発言できなかったり、人が大勢集まる教室のような環境が苦手な子もいるので、できれば学校選びから気をつけてあげたいものです。

たとえば、公立校ではなく、少人数クラス制でゆったりした雰囲気の私立校に通うのもありでしょう。一人ひとりの生徒に先生の目が行き届く環境で過ごせます。

私が担当したある学生の保護者は、あえてワンランク下の中高一貫校を選んで成功したと言っていました。勉強ができる子だったので、6年間変わらない安定した人間関係の中で、優秀な生徒として扱われ続け、自己肯定感を高めることができたそうです。

学校の部活についていえば、ASD（自閉症スペクトラム障害）の子の場合、手先が不器用で運動も苦手という子も多く、スポーツ系の部活より、楽に活動できる吹奏楽部や鉄道研究会のような文化系の部活が比較的なじみやすいようです。

これに対し、ADHD（注意欠如・多動性障害）の場合は、スポーツセンスが抜群の子もいます。その場合はもちろん、運動部がおすすめです。アスリートとして認められれば、ADHDの特性は目立たないでしょう。

◆学校以外の場も探しておくといい。身近にもたくさんある

子どもが課外活動に参加していなかったり、学校でうまくいっていない場合は、親が意識的に次のような「学校以外で受け入れられる場」を見つけておきたいものです。

親の友達や親族との交流

これはすでに第1章に出てきました。単に交流するだけでなく、親や親戚の仕事の話を

聞く機会をつくってあげられると、なおよいでしょう。

就職活動を始めてから悩んで右往左往しないよう、「仕事とは何か」を学んでもらうのです。発達障害のある子の場合、知識に偏りがあり、一般常識レベルの知識が欠如していることがありますから、こうした機会は貴重です。

発達障害の子どもを育てる親の会

発達障害の子を育てている保護者の団体は各地にあります。こうした団体は、子どものためのさまざまなプログラムを用意しているので、ぜひ参加してみましょう。

子どもの年齢に応じて活動内容も変わりますが、たとえば小学校低学年では、簡単なゲーム（クロスワードパズル、五目並べ、自己紹介ゲームなど）などを通して同じ学年の子ども同士で交流することから始めます。

一見、単なるゲームですが、「複数の子どもと一緒に参加する」「ルールの説明を聞く」「ルールを守って行動する」といった経験が積めるのです。

地域の行事

以上のほか、各地で開催されるダンス教室や料理教室などもいいでしょう。年齢に応じて経験を積み重ねていける講座を選ぶのがポイントです。

たとえば料理教室なら、おにぎりやクッキーの型抜きなどから始め、その後より手の込んだ料理に挑戦し、作れるメニューを増やす、という具合に、徐々に高度な課題にチャレンジできる教室のほうがいいと思います。

中高生になれば活動範囲が広がります。地元の自治会などが主催する地域のお祭りで、お手伝いとして参加するのもおすすめです。私が相談を受けた学生は、子どもの頃に地元のお祭りで飲み物や食べ物を販売する体験をしていました。

ただし、いきなり参加しても要領はつかみにくいもの。親や支援者が、当日のやるべきことを順に説明し、できれば本番と同じ環境で練習をしてから臨むようにしましょう。

計算が苦手な子の場合は、販売する物の値段を単純にしておく（たとえば「一律100円」などに設定しておく）、といった配慮も必要です。

ボランティア活動（大学生～）

ボランティア活動は、社会貢献を目的とした自発的な奉仕活動です。参加することでさまざまな人たちと触れ合うことができますので、社会経験の一つとなります。

アルバイトと決定的に違うのは、「（ほぼ）無報酬」という点です。無報酬ですから、アルバイトと異なり、少々失敗しても大目に見てもらえます。

いきなりアルバイトに挑戦してうまくいかず、注意されて挫折してしまう人もいるのですが、ボランティア活動であればそういったことは起きにくいと言えます。

また、概してボランティア活動に参加する人たちは面倒見のいいタイプが多いので、子どもが落ちこんだり、つらい思いをすることなく社会経験を積める可能性が高いのです。

その他の活動

たとえば「教会」なども親切な大人が大勢いる場です。就職すると、いろいろな年代の人たちと長い時間を一緒に過ごすことになりますが、それに近い経験をあらかじめ積むいい機会となるでしょう。

「ボーイスカウト活動」もおすすめです。自主性、協調性、社会性、たくましさやリーダーシップなどが育まれる活動です。本人が楽しんで参加しているようであれば、発達障害がある子の社会性の育成には適した活動です（なお、近年のボーイスカウトは男性・女性ともに入会できます。女性だけで活動する「ガールスカウト」もあるようです）。

小学校低学年までは親も一緒に参加でき、指導者がいてフォローもしてくれるでしょう。中学生以上になると自分たちでプログラムを実施するようになります。仲間内でのコミュニケーションが必要になり、発達障害のある子どもにとってハードルが上がるので要注意です。

いずれにしても、子どもの年齢に応じて、安心して参加できる「場」をいくつか見つけておくのがよいと思います。

◆社会参加を促すときの注意点は「無理させず、好きなことは応援する」

小さい子どもの場合はとくにそうですが、親がそばで見守り、何か問題があったときには介入できるようにしておきましょう。

高校生以上になると、子どもたちだけでの活動が増えますが、言語表現の少ない発達障害の子どもは「周囲とうまくコミュニケーションが取れない」と悩むことがあります。無理はさせないことが大切です。

たとえば、初めてのことに不安を感じやすい子には、「参加したくないときは、見学や休憩をしたり、外に散歩に行ってもいい」という選択肢を前もって説明しておくとよいでしょう。

一方、意欲的に取り組めることは、できるだけ応援したいものです。たとえばアイドルのファン同士や、ゲーム愛好者同士の交流など、趣味を通じて仲間が広がる場合もあります。コンサートチケットの購入、会場までの道順を調べ、計画を立てる、などといったことでも子どもの活動範囲は広がります。

好きなことに取り組む力も、社会性を広げていくのです。

3 「働く」って試行錯誤することだ！

その後 バイトもせず 放課後ヒマを もてあましていた ときのこと
17歳
ギコ
ギコ
金がない〜 早くバイト 探さなきゃな〜
中学の同級生と バッタリ会い
よお リュウ太 お前 今 ヒマしてない？
今は 買い物中
そーじゃねー
ここの店 バイト 募集してるんだけど お前も やらない？
ん—— いいけど レジはムリ テンパる
菓子
棚に商品を 補充する 簡単な仕事で 楽だよ
やるなら 責任者に 話しておくよ！

友だちと一緒で 心強いし 家から近いし
ジャムパン
やってみようかな
こんなきっかけで 週3日 スーパーマーケットで 働くことになった
スーパー K1
まさか近所の お店で 働くことに なるとはね～
副店長が すぐに 採用してくれて もうシフトも 決まったから
W君の紹介が あったとはいえ よく採用されたわね
W君
面接は 自信が あるんだよ
明るくハキハキと 話していれば 受かるような 気がするんだ

スーパーでは清涼飲料と酒類の担当になった
ウーロン茶 LLL円
ジャスミン茶 LLL円
ニナー茶 LLL円
麦茶 LLL
補充が必要な商品をチェックしてバックヤードから出して陳列する作業
目で確認できる仕事だからやりやすいな
段ボールの切れ端をメモに活用
黄金麦
黒レーベル
ドライ
コーラ
ポカリ
アクエリ
オレジュ
コーヒーw
メモが大きいとなくすことがないからオレにぴったりだ
接客が苦手だから一人で黙々とやれるのもいい
段ボール箱の整理もするよ
どさあ
ただ自分で段取りを考えて行動しなくちゃいけない!!

最初は先輩がついて指導をしてくれたけど
3日目には一人立ち
じゃあ後は一人でよろしく
オレは生活雑貨担当なんで
え――
コーラとポカリはすぐになくなるから多めに運ぶ！
教えてもらったことを頭の中で復唱
ドンドン
夕方は定番の人気酒類が次々と売れるから
ピークの時間帯になる前にどんどん並べて冷やしておく！
DRY
生

あっ
パリン
はじめは割れ物の扱いに慣れなくてやっちゃってた☆
ガシャン

わわっ傷がっ
開封するとき商品に刃傷
FFEE
BLACK

でも
先輩に
注意されても
ハキハキ謝ると
そんなに怒られない
気がする
すいません
ああ
気をつけてね
カッターはやめて
家の鍵で
代用しよう！
先がれく
安全
対策も
工夫したんだ
割れ物の扱いは
両手で慎重に
COFFE
揺れない
積み方に
してみよう！
売れ筋の
商品は
ショーケースの
上に余分に
積んでおこう
ビール
先輩のやり方を
取り入れて
マネすることを
覚えたよ！
キツかったのは
夏――
ミーン
ミーン
8月
猛暑
カラッ！
補充しても
補充しても
商品がなくなる
サンビールDRY
( )LLL円
ぽろろよい
( )LLL円
3時のチューハイ
( )LLL円
梅チュー
( )LLL

冷えたビール ないの!?
この在庫は もうないの? 奥にあるよね?
しかも 補充に出たとたん お客さんからの 問いあわせが 殺到して大変！
缶ジュースが いつも置いてない じゃないかっ
キャンペーンの景品 もうないんですか!? まだ期間中なのに ひどいっ
夏は暑さで イライラしている 人も多く
一つ一つ 対応していると 陳列が遅れて 困ったな〜
すみません 景品は なくなったら 終了なんですよ〜
景品少ない そんな キャンペーン やるなっっ
オレに 言われて もな〜
ったく イライラしてる 客のせいで こっちまで イラついてきた
クソがよぉ〜 景品ない くらいで 怒ってんじゃ ねーよ バーカ
お客さんには キレられないから 自分の中に たまっていったんだ
ムカツクー

あの客に次にまた話しかけられても聞こえないフリしてムシしてやる
冷えたビールないの?っていうけどさぁ真夏に欲しけりゃ開店と同時に来いやコラァ
眠れねー
もやもや
クレーマーはこの世から消えろっ
リュウ太もグチばかりうるさいよ
イライラする自分がイヤだな〜と思ったので
お客さんと折りあう方法を探したよ
在庫ないの?早く出してっ
もうないんですすみません
これだと納得しない人がいるから
ちょっと奥を確認してみます!
在庫がなくても一応チェックして
やっぱりありませんでした
じゃあもういいわ
こうすると怒らずあきらめてくれる
面倒だけど「あなたのためにやってます」って誠意を見せることが大事だと気づいたんだ

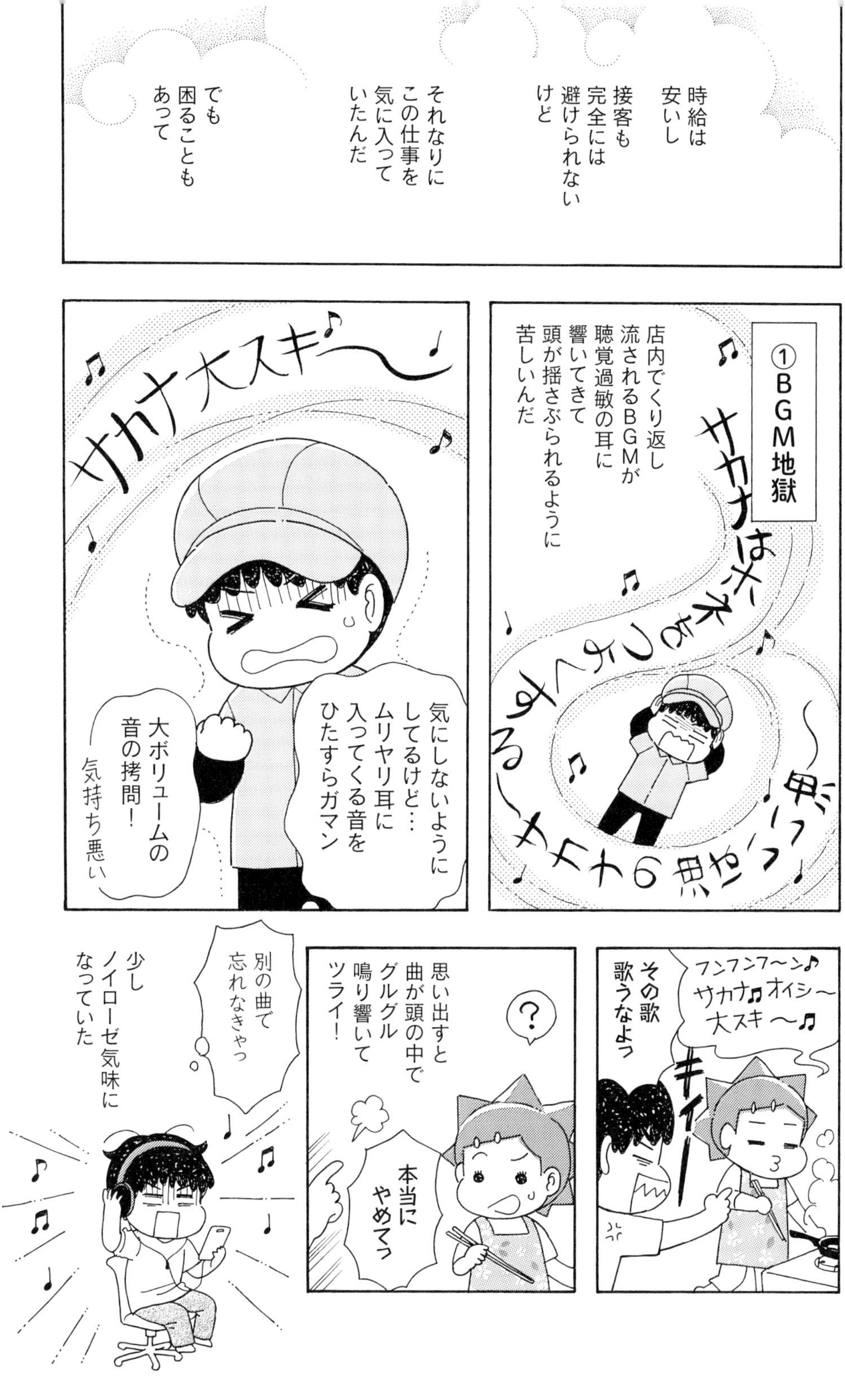
時給は安いし
接客も完全には避けられないけど
それなりにこの仕事を気に入っていたんだ
でも困ることもあって
①BGM地獄
店内でくり返し流されるBGMが聴覚過敏の耳に響いてきて頭が揺さぶられるように苦しいんだ
サカナ大スキ〜〜
気にしないようにしてるけど…ムリヤリ耳に入ってくる音をひたすらガマン
大ボリュームの音の拷問!
気持ち悪い
フンフンフ〜ン♪
サカナ♫オイシ〜
大スキ〜♫
その歌歌うなよっ
キィー!
?
思い出すと曲が頭の中でグルグル鳴り響いてツライ!
本当にやめてっ
別の曲で忘れなきゃっ
少しノイローゼ気味になっていた

②休みの申請が通らない
テスト期間中は休みを申請していたのにシフト入ってる！
シフト
リュウ太
ああ シフトのこと!? 他のバイトの子がみんな試験で休むって言うからさ〜
カチーン
人が足りないからリュウ太は出てくれよ
どうせお前は勉強してもムダなんだから働いたら
「勉強してもムダ」って……
その言い方はヒドすぎないか!?
休むつもりでいる日に急にシフトが入ると
うまく切りかえられず心も体も混乱
木 水 火 月 日 土 金
休み 休み 休み
ここまでがんばるぞー

発達障害のためか
小さな頃から
力のペース配分が
うまくできないんだ
余力を
残しておくことが
できない
目の前のことに
全力で体当たり
しちゃうから
疲れが
溜まりやすい
みたいで
ハァ
ハァ
短期目標達成
その他は後回し
ちゃんと休まないと
体調が悪くなるんだ
体が
重い……
ヨロ
ヨロ
——で無理して
働いていたら
あるとき
ズキーン
いでっ
とうとう
やっちゃいました！
椎間板《ついかんばん》ヘルニア
一歩手前の状態
重い物は持たず
安静に！
シップ出しますね
はい
うわー
バイト
どうしよう……

現在
悩んだ結果 スーパーのバイトと さよならした
腰痛 こじらせたんで やめます
スーパー KI
必要とされるのは うれしいけど あのときは キツかったな～
それでも 責任感を持って 取りくんでたから すごい成長だよね でもムリは 禁物！
大人の言うことに 従わないと いけないと 思っちゃったんだよね
人手不足なのは リュウ太のせいじゃ ないもの 労働者の権利を 主張するところは きちんと主張しないと！
若いとさ それがなかなか できないんだよ…… トホホ

まかないが楽しみ!

16歳
アルバイトの楽しみといったら
なんといってもまかないだよね
ぎゅるるる
店長
まかないは好きなラーメンを食べていいよ
マジすかじゃあ
しょう油ラーメンにタマゴとワカメとチャーシューとバターキムチコーンもやしをつけてお願いしまーす!
はいどーぞ
あっトッピングは有料だから
早く言って

働き方のコツ

18歳
病院で
重い物を持つときのコツがあります
腰を曲げて腕の力で持ちあげると
必ず腰を痛めます!
荷物を引きよせて持ち
脚の力で持ちあげます
医院
そういうコツ早く知りたかった
業界あるあるを調べてから働こうと思った
シップ

プロの視点

アルバイトはおすすめ。選び方にはコツがある

「臨機応変」が求められる職種は避け、できる仕事で就労経験を積みましょう！

◆アルバイトは、社会人として自立する準備になる

リュウ太くんのように、学業の合間に一時雇いのアルバイトをして報酬を得る人はめずらしくありません。アルバイトは、若者にとって初めての「働く」という社会体験であることが多く、そのぶん得られるものも大きいといえます。たとえば、

★世の中にいろいろな仕事があることを知る機会になる
★自分にどんな仕事が向いているか、試すことができる
★業務に取り組む中で、自分の得意と苦手が見えてくる
★向かない仕事なら辞めればよく、二度とやらなければいい

逆に、アルバイト経験がまったくない人は、自分の得手・不得手を自覚する前に就職することになるため失敗する可能性も高くなります。

就職してからのリスク回避のためにも、アルバイト経験は有益と言えるでしょう。

◆取り組みやすいバイト　4つのポイント

しかし、発達障害の人の場合はとくにそうですが、自分に合わないバイトを経験すると、「できなかった」というネガティブな記憶が残り、かえって将来に禍根を残しかねません。一般に、発達障害のある人が取り組みやすい業務とは、左図に挙げたようなタイプのものです。

◆取り組みやすい仕事のタイプ◆

point 1
シングルタスク
同時に複数のことを処理する仕事より、1つの同じ業務をくり返し行う仕事がいい

point 2
一人（少人数）で取り組める
指示を受けマイペースでコツコツ取り組める仕事なら、人間関係で余計な悩みがない

point 3
業務内容が明確な仕事
発達障害のある人は、一般に曖昧な指示の理解が苦手。「やること」は明確なほうがいい

point 4
あまり時間に追われない
正確性とスピードの2つ（とくに後者）を求められる仕事はミスしやすいので避けよう

◆取り組みやすい仕事の具体例◆

・飲料の缶の蓋を拭く仕事
・宅配便の仕分け業務
・工場で完成品を運ぶ仕事
・倉庫でのピッキング作業（指定された商品を選び出す）
・工事や製造現場での比較的シンプルな作業（運搬、ネジ締め、袋詰め他）　など

図内に記したもののほか、登録制の日雇いのアルバイトもいいかもしれません。肉体労働が主ですが、さまざまな仕事があり、自分の都合に合わせて申し込めます。

春休みや夏休みなどの長期休暇を利用して、通いやすい場所で、できそうな仕事にチャレンジしてみてもいいでしょう。たとえば、私が以前相談を受けた学生は、冬休みに年賀状仕分けの短期アルバイトを経験していました。

葉書は軽いので、体力的な負担もあまりなく、一人でコツコツと取りくめる作業なので、働く経験を積むのにはとてもよかったようです。

◆「マルチタスク」「高めの対応力が必要」な業務は、避けたほうがいい

コンビニでアルバイトをする学生は少なくありませんが、コンビニバイトは学生が思う以上に大変です。そもそも、覚えるべき仕事内容が多く、キャンペーンなどで不定期な業務が頻繁に入ります。

素早く・正確に行わねばならないレジ業務は、決して避けられません。ですが、レジ前に列ができると、それだけで気持ちが焦り、ミスが起きやすくなります。

加えて、「おでんのつゆの量」「タバコの銘柄」など、お客のこまごまとした要望に即応せねばなりません。対応を間違えるとクレームに発展したり、店長や同僚から注意を受け

ることもあります。

つまり、コンビニバイトはマルチタスクで接客業務も避けられないため、発達障害のある人には、基本的に取り組みにくい仕事なのです。

先ほど、宅配便の仕分けが向いていると書きました。しかし、運送関係でも搬入・搬出や配達など、時間内にできるだけ多くの作業をこなさねばならない業務の場合は、「早く！」と叱咤の声が飛び交うこともあります。発達障害がある人の中には、自分が怒られていなくても、ほかの人を叱責する声がストレスになる、というタイプの人がいますが、そういう特性がある人にはおすすめできません。

コンサート会場や試験会場での誘導業務は学生に人気のバイトですが、業務が「誘導」だけではすまないこともめずらしくありません。来場者とうまくやりとりしたり、同僚と「阿吽《あうん》の呼吸」で連携したりといった、高めのコミュニケーション能力が求められる場面も多く、発達障害のある人には難しいようです。

◆職場環境によってはうまく取り組めることもある

ただし、同じ業務でも環境次第では問題なく務められることがあります。

先ほど私が「取り組みにくい」に分類したコンビニで、3年間アルバイトをしていたという大学生（発達障害があります）がいました。

私が、「うまくいかない人が多いのに、よく3年間も続けましたね」と言ったところ、「あまり忙しくないコンビニだったんです。シフトも早朝6時からで、お客さんも少なかったから大丈夫でした」と返事がありました。

つまり（もちろん個人差はありますが）、忙しくない店・忙しくない時間帯ならゆっくり対応できる環境になるので、問題なくこなせるということです。

運送業の搬入・搬出についても、たとえば、深夜の集配センターは日本語が不自由な外国人が働いていることが多く、コミュニケーションに気を遣う必要もないので、「ある意味楽だった」と話してくれた学生もいました。

◆口コミ情報や伝手《つて》を活用して上手に選ぼう

どのような仕事に就くにしても、自分が対応できる内容および環境であるかどうかを見極める力が重要になってきます。

その「見極め」はアルバイトを選ぶ段階から始めましょう。インターネット情報だけに頼るのではなく、似たようなバイトを経験した先輩や同級生の話が参考になるはずです。

信頼できる友人・知人の元職場や、家族や親戚の関係先でアルバイトができるのなら、お願いしてやらせてもらいましょう。その点、にゃんこ。さん・リュウ太くん親子のバイトの選び方は、なかなか理にかなっていたと言えるかもしれません。

辞めやすいだけに、「たかがバイト」と見られがちですが、仕事は仕事。安易に考えず、最初は取り組みやすいものから始め、慣れたらいろいろ経験してみる、というのがよいと思います。

◆バイトをするなら「生活シミュレーション」もぜひ！

勤務時間と仕事内容にもよりますが、学生になってアルバイトを経験すると1日1万円程度のアルバイト料をもらうこともあります。

給料をもらうその機会に、将来の自立に備えて、一人暮らしを始めたときにどのくらいの収入が見込め、何にどのくらいお金がかかるのかを親子でシミュレーションしてみるとよいでしょう。

ある保護者によれば、そのシミュレーションの結果、生活するのにいかにお金がかかるかを子どもが知って驚き、「将来はちゃんと働かなくちゃ」と自立心がついたそうです。

お金を稼ぐ大変さや、自分で稼いだお金で生活することの重みを体感できる点にも、バイトの意義はあるのです。

4 職場ではコミュニケーションも大事だね

二輪部の部活動中
腰がだいぶよくなってきたから早くバイトを見つけないとな

そう考えていた専修学校3年のとき
○△自動車の営業所で整備助手をやらないか?
センパイ
マジすか!

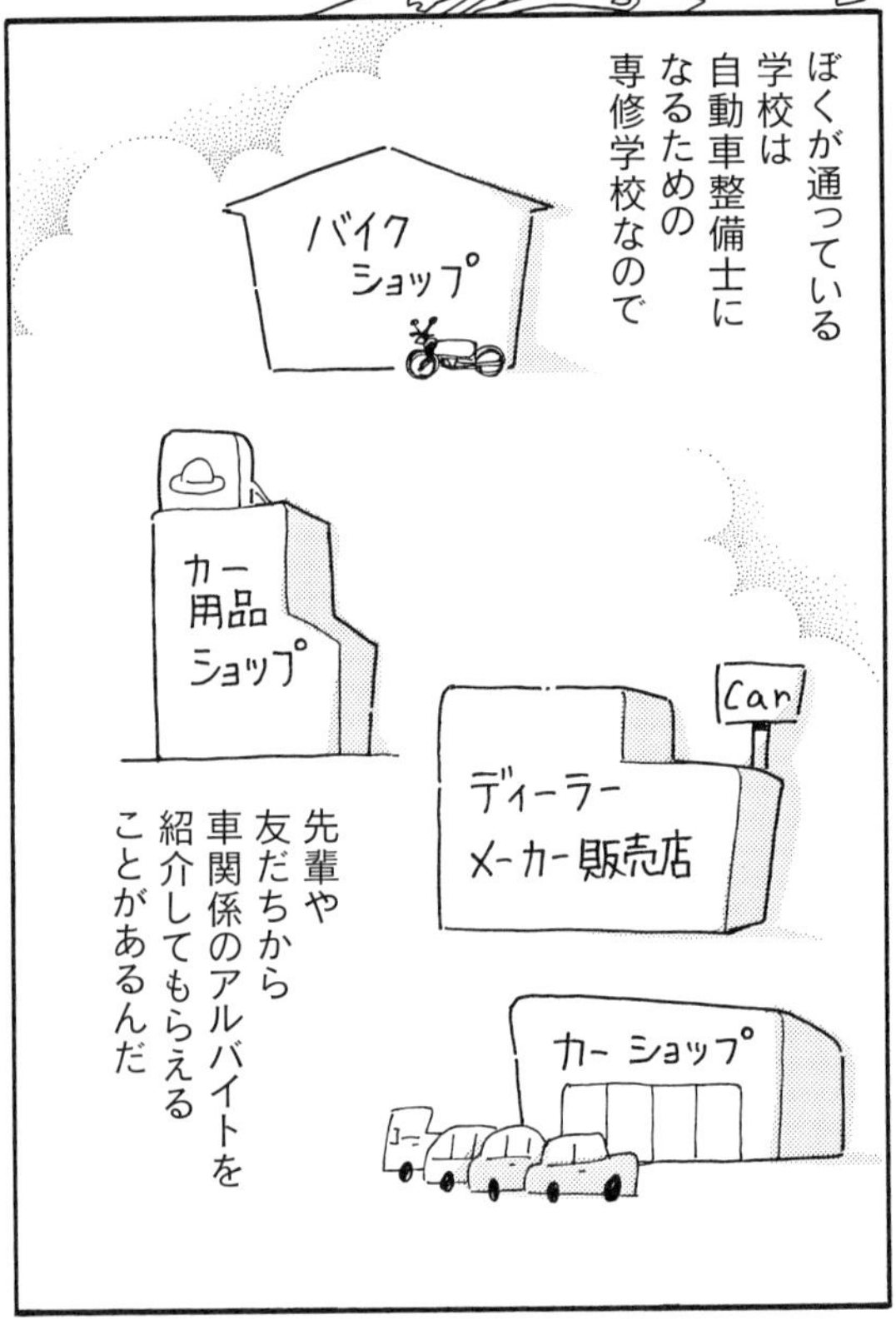
ぼくが通っている学校は自動車整備士になるための専修学校なので
バイクショップ
カー用品ショップ
Car
ディーラー
メーカー販売店
カーショップ
先輩や友だちから車関係のアルバイトを紹介してもらえることがあるんだ

ぼくが在籍していた自動車整備士のコースはこんな感じです
16歳
17歳
18歳
19歳
20歳
入学
高等課程
3年間
二級整備士コース
2年間
卒業
自動車整備士国家試験
★高校3年間と専門学校2年間がセットになった感じ。高卒資格も取得できる
★高等課程は制服で、その後の2年間は私服で通うよ！
★他に高等課程のあと4年間続く「一級整備士コース」もある
資格を取得して車の整備や販売の仕事につく人が多いよ！
車の整備士を目指すぼくらにとって募集人数が少ない専門店でバイトできるのはラッキーなこと
だからうれしくて即答！
絶対やります!!
パアアアア
専門店では知識や工具取り扱いのスキルを求められるので
成績125人中120番
万年落ちこぼれのぼくのところにこの話がまいこんできたのは奇跡だった
それにこのバイトをやりたかったのには切実な理由もあったんだ

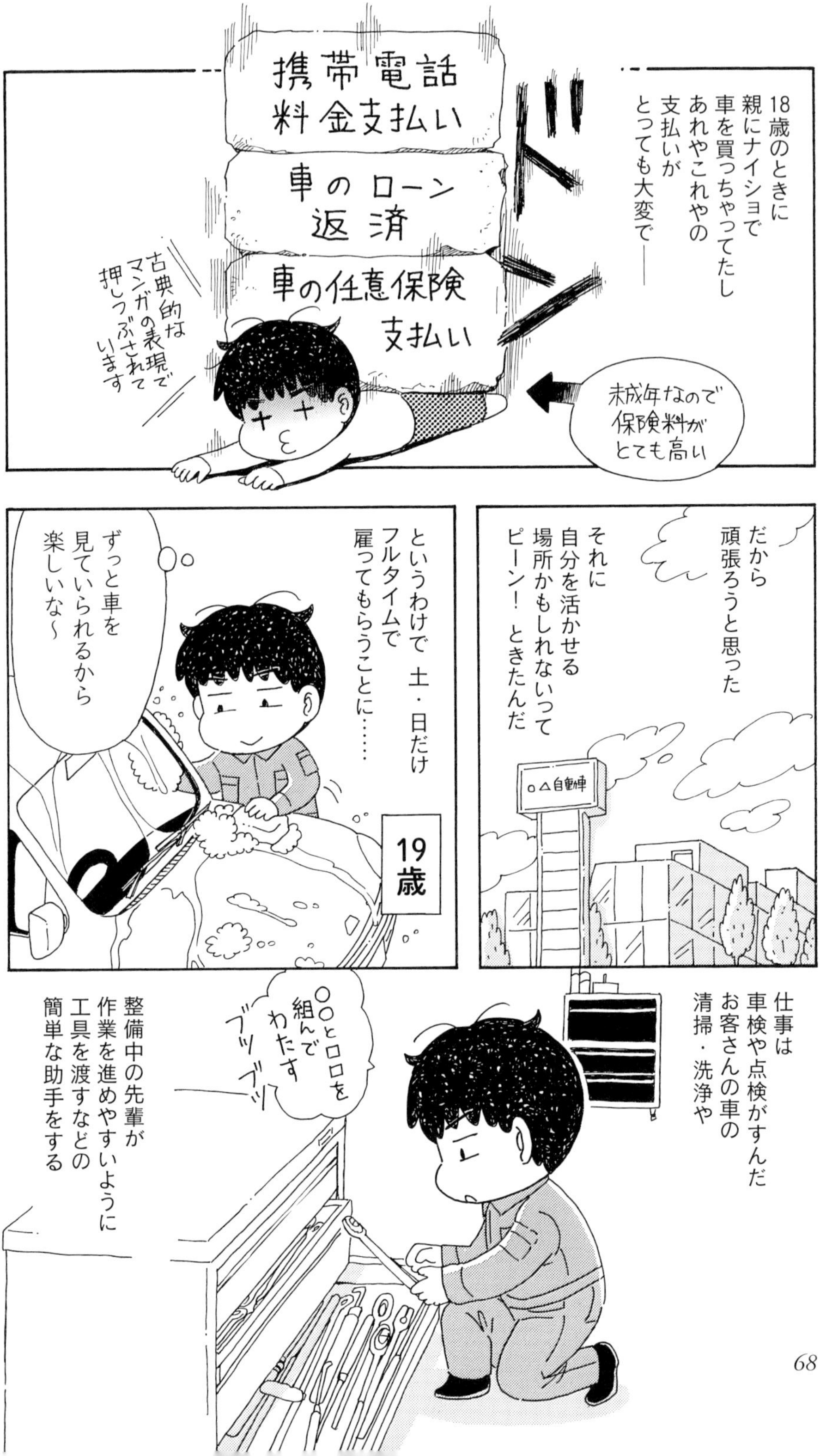
18歳のときに親にナイショで車を買っちゃってたしあれやこれやの支払いがとっても大変で――
携帯電話料金支払い
車のローン返済
車の任意保険支払い
ドン
未成年なので保険料がとても高い
古典的なマンガの表現で押しつぶされています
だから頑張ろうと思った
それに自分を活かせる場所かもしれないってピーン！ときたんだ
○△自動車
というわけで 土・日だけフルタイムで雇ってもらうことに……
ずっと車を見ていられるから楽しいな～
19歳
仕事は車検や点検がすんだお客さんの車の清掃・洗浄や
○○と□□を組んでわたす
ブツブツ
整備中の先輩が作業を進めやすいように工具を渡すなどの簡単な助手をする

まだ整備士資格を持ってないので整備はできないけど
この故障の原因はなんだと思う？
う〜んと
音が変だからもしかして〜!?
カタ
カタ
たまに先輩がクイズ形式で技術や知識を教えてくれるので勉強になる
慣れてくるとお客さんの車を移動する作業を任せてもらって
勉強はできないけど運転は自信があるんだ
なんて思ってたけど
そう調子よくはいかなかった
メキィ
○△自動車
まずい凹んでる……
ベコー
さ40-31

正直に報告しないといけないよな
さすがに隠せないミス
ああ恐い なんて言われるんだろう
あの〜 すみません!! お客さんの車をぶつけましたっ
ワーッ やったか!!
お客さんにおわびをしてきちんと修理してお返しする約束で許してもらった
ドキドキ
はじめて真剣に謝った気がする
謝るって大事だな〜と学んだよ
原因 不注意……
ブツブツ
先輩に報告書の書き方を教えてもらいながら「これはクビかな……」って考えてた

みんな一度はやるんだよ
そうそうオレもやった!
そうなんですか!?
だからあんまり気にしないように解決方法は必ずあるし
失敗やミスを隠されるほうが恐いから
どんなことでも報告してほしい
はい
隠されちゃうとそれが大事故につながっていくからね問題が起きたときは全員で取りくんでいくことが一番大事!

整備で
大切なのは
ほう・れん・そう
ってことだ!
え!?
ほうれんそう?
報告・連絡・
相談のことだよ
あ!
ああ
野菜じゃ
ないのか
先輩たちに
バカにされたり
怒られたりすると
思ったのに違った
こんなこと
今までなかったな
失敗したのに
怒られないって
状況が
不思議だよな~
このときから
おびえないで
ほう・れん・そうが
できるように
なったんだ
仕事って
コミュニケーションが
大事なんだって
気がついたんだよね
現在
へ——
そんなことが
あったんだ
ははは
なかなかの
ドジネタ
リュウ太って
意外に
メンタル強~い
私なら凹んで
仕事から
逃げちゃうかもな

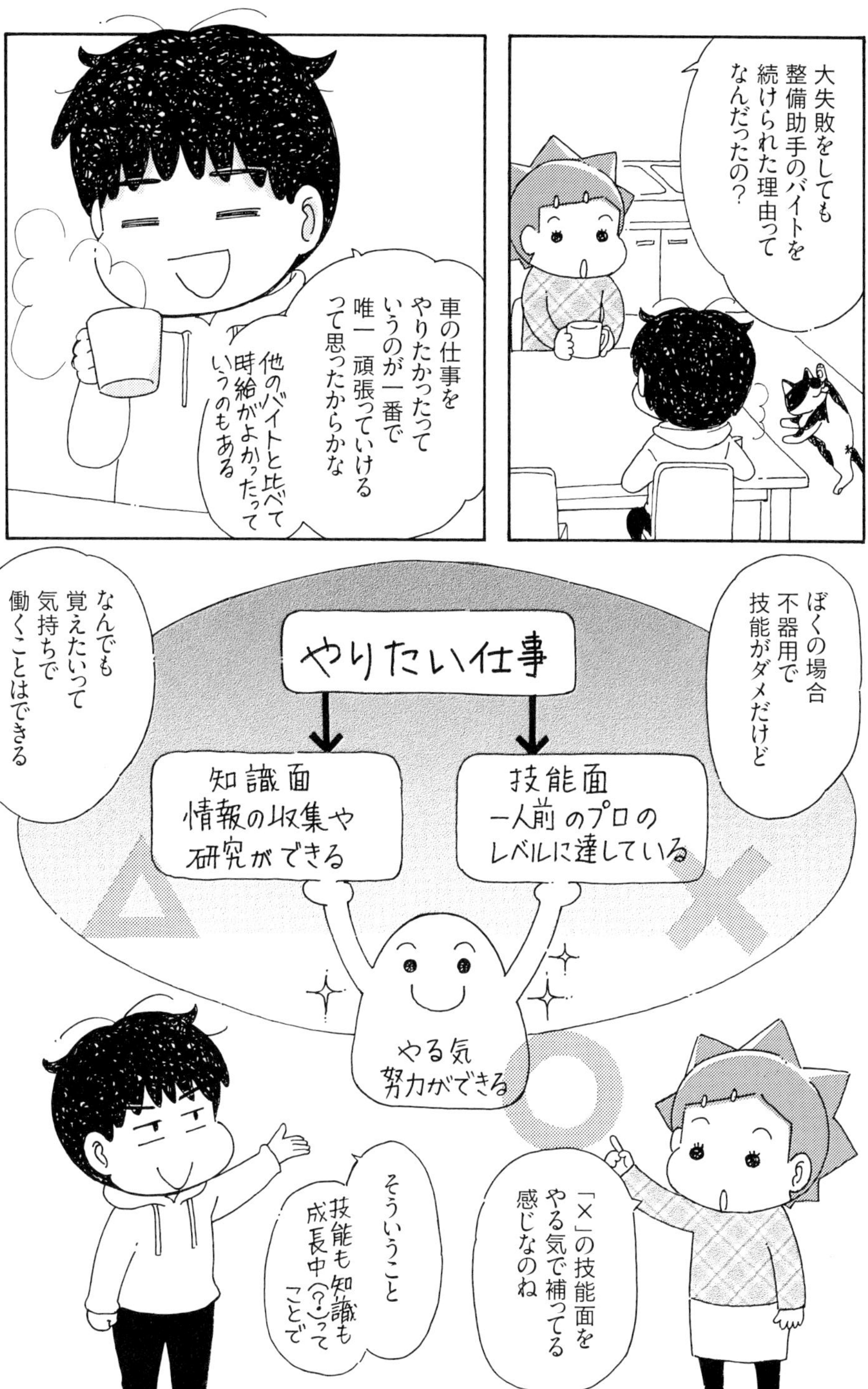
大失敗をしても整備助手のバイトを続けられた理由ってなんだったの？
車の仕事をやりたかったっていうのが一番で唯一頑張っていけるって思ったからかな
他のバイトと比べて時給がよかったっていうのもある
ぼくの場合不器用で技能がダメだけど
なんでも覚えたいって気持ちで働くことはできる
やりたい仕事
知識面 情報の収集や研究ができる
技能面 一人前のプロのレベルに達している
やる気 努力ができる
「×」の技能面をやる気で補ってる感じなのね
そういうこと 技能も知識も成長中(?)ってことで

でも
「やる気」だけじゃ
カバーできない
こともあるよね
そう
だから
職場の人と
親しくなろうと
思ったよ
へー
どうして?
親しくなると
仕事の相談が
しやすくなるし
それって
イジメ予防にも
なると
思ったんだよね
ほほ~
休憩中に
スマホを
いじらないで
なるべく会話する
ようにしたり
ZZZ
closed
先輩の
趣味の話に
あわせたりしたら
仲よくなれたよ
あと
飲み会には
絶対参加してた
オレはお酒
飲めなかったから
送迎を担当したりね
カンパーイ
仕事でヘマしてるぶん
そういうことで
挽回していく
感じかな
なるほど~
積極的に
コミュニケーションを
とってるんだね!

ラーメン屋
スーパー
自動車販売店と
いろいろバイトを
経験したじゃない
ふりかえって
「こんなサポートが
あったらよかった」
というのはある？
うん
ラーメン屋のときは
慣れるまでは
次にやることが
わからなくて
とまどったな
次はなにを
すればいいんだ
やることが書かれた
スケジュール表や
マニュアルがあったら
助かったかもしれない
16:00 着替え．タイムカード 帽子、エプロン着用 手洗い2回、消毒
6:05 カウンター接客と皿洗い 食器用洗剤が切れているときは厨房に声をかける
16:20 カウンター接客 注文を取る→札を出す→オーダーを通す→会計
:00 店の前の道路掃き掃除 ドアの前のロッカーに掃除用具がある。掃きながらタバコの吸い殻を拾う。
:05 カウンター接客 手洗い2回．消毒
ラーメン屋の
場合（例）
現場では
メモをとる
余裕がないし
一所懸命
覚えようとしても
忘れることがあるしね
質問せずに
やりおえたいわけよ
うんうん
何度も
尋ねるのも
気をつかうもんね

でも3つのアルバイトをなんとか務められたね
うん まーねー
子どもの頃はお手伝いが苦痛で働きたくない！って思ってたし
ブーブー
どうせまた汚れるのに拭くのめんどくさー
ブラック企業やパワハラの報道をニュースで見て仕事はツライってイメージを持ってたけど
過労
バイトしてみて働くのも悪くないって思ったよ楽しいしね
へ～成長したねどんなことが楽しいの？
やったことがない仕事に挑むときかな

はじめてのことは
刺激的で
おもしろいって
思うし
おまちどおさんです
ラーメン屋では
接客も
盛りつけも
できたしね
やりとげると
自信になったな
それと
人と出会えるのが
いいよね
いい人と知りあえると
うれしい!
うん
うん
それから
気づいたんだけど
オレはじっと座ってする
仕事より
動きまわる仕事のほうが
あってるみたいなんだ
イライラしても
動いていると
忘れられる
やっぱ
ADHD
だからかな!?
あははは
コーラ

プロの視点

「報連相」などの基本が盲点になるので要注意

「当たり前のこと」でつまずきやすいので本人の工夫と周囲の配慮が必要です！

◆仕事には、業務遂行能力のほかにも必要なものがある

ラーメン屋、スーパー、自動車販売店とバイトを続ける中で、リュウ太くんは自分なりにさまざまな「工夫」をしていました。彼を雇った職場の側も「配慮」をしています。正規・非正規、あるいはフリーランスなど、どのような雇用形態で働くにせよ、この「工夫」「配慮」は常に大切です。ここで一度、重要なポイントをまとめておきましょう。

◆発達障害のある人が苦手なのは「報告・連絡・相談」

仕事上のコミュニケーションに欠かせないのが、「報告・連絡・相談」いわゆる「報連相」です。私のもとに相談に訪れる発達障害の人はこれでつまずいている人が多く、仕事が続かない原因になっていると感じています。

実際、こんな悩みを語ってくれた相談者もいました。

「わからないことがあっても、いつ誰に声をかけてよいかわからない」

「作業が終わったけれど、上司がいつも会議で不在のため、何もせず座っていた」

つまり、どんなときに・どう報連相すればよいか、判断ができないというのです。

親や支援者は、「報連相くらい自然に覚えるだろう」と過信せず、機会があればきちんと教えておくべきかもしれません。私は次のように伝えています。


　仕事は、途中で進捗状況を上司に報告し、作業が終わったら終了報告をします。思いこみが激しい人もいるので、仕事を誤った方向に進めないためにも、途中で状況を報告することは大事です。連絡は、仕事で必要な情報を迅速に、かつ必要な関係者全員に知らせるという、スピードと正確性の両方が必要です。

　また、仕事でミスをしてしまったときこそ、すぐに上司に報告し、どのように対応したらよいか相談することが大切です。経験豊富な上司はリカバリーの方法を知っていて、適切な対応方法を教えてくれるでしょう。隠さずにすぐに報告したという真面目さ、正直さは上司の信頼を得ることにもつながります。

報連相だけで解決できることは、結構あるのです。

たとえば、上司に作業の途中で必ず経過報告するようにしたところ、報告の際に本来の業務から脱線していることに上司が気づき、指摘してくれるので納期の遅れがなくなった、というケースがありました。

リュウ太くんのようにＡＤＨＤ傾向があり注意散漫な人は、データ入力でミスを犯しがちです。同僚などに相談して読み合わせをお願いできればミスを防止でき、さらに「ミスをしたらどうしよう」という不安からくるストレスの軽減につながります。

困ったときに相談できるスキルは、就労を継続するうえで最も大切なことだと私は考えています。

◆「チームワーク」は、仕事では避けて通れない

『チームワーク』という言葉は知っていても、経験したことがないので、実際にどのようなことなのかわからない」――就職相談にきた学生がこう打ち明けてくれました。

個人では達成できない仕事を、メンバー同士で助けあって成し遂げる共同作業のことを「チームワーク」と言います。世の中に一人で完結できる仕事はほとんどなく、たいていは協力しあって完成させるので、働くうえではチームワークは避けられません。

ですが、その学生は一人っ子で友人もなく、部活やサークル活動に参加した経験もないので、ほかの人と一緒に何か一つのことに取り組んだことがない、とのことでした。

当然ですが、チームワークの感覚は、一人でいても決して身につきません。だからこそ私は第1章などで、社会性を養う大切さをくり返し説明してきたわけです。

いざ就職を目指す段階で社会性に課題がありそうだとわかった人は、支援を受けることを考えてはいかがでしょう。

たとえば、発達障害のある人の就職をサポートする「就労移行支援事業所」では、グループワークなどのプログラムが用意されていて、チームで働く経験を積めます。

詳しくは第8章で説明するので、参考にしてください。

◆職場では自分の弱点をカバーする方法を主体的に探そう

仕事をしていると必ず、失敗や「うまくいかないこと」が出てきます。発達障害のある人の場合、極端に苦手な「弱点」が見つかるかもしれません。

問題に直面したときは、自分なりに分析し、次回もっとうまく対応できるよう、主体的に工夫することが求められます。

たとえば、職場では仕事を教わる側がメモを取るのが一般的ですが、発達障害がある人の中には「メモを取るのが苦手」という人が結構います。
その原因は人によりさまざまですが、「できないから放置」ではいけません。

・何度も自分で復唱する　　　　・メモがわりにスマホのカメラで写真を撮る

・特別にメモを取る時間をもらう　・「メールやメモでも指示をください」と頼む

など、工夫はいろいろと考えられるので、職場で相談してみることが大切です。工夫の一例をもう少し、挙げておきましょう。

・業務を「見える化」する

どんな相談者にも使える基本的な工夫として、私はその日の「TO DOリスト（やることリスト）」の作成をすすめています。やるべきことを「見える化」するのが、仕事の失敗を防ぐのに最も効果的だからです。

・マニュアルを用意&その人向けにアレンジ

業務内容のマニュアル化も「見える化」の一種ですが、個人にあわせて調整する必要があります。

以前、ワーキングメモリが弱く、口頭の指示を覚えられないという相談者がいたので、職場にお願いしてマニュアルをもらったのですが、文章ばかりで構成された分厚いもので、相談者は理解できませんでした。

そこで周囲の人の協力を得て、図やフローチャートを入れて、自分用のマニュアルを作成しました。時間がかかりましたが、マニュアルを作成することで業務内容への理解が深まり、その後は順調に働くことができました。

周囲ができること

現在は、正規・非正規などの雇用形態にかかわらず、障害のある人が仕事をするために欲しい配慮を申し出たときには、企業は過度な負担にならない範囲で真摯に対応しなければならないと定められており、これを「合理的配慮」と呼んでいます。

私もこれまで、聴覚過敏の人の席を静かな場所に移していただいたり、「指示はメールなど文字情報でしてほしい」との要望を職場に伝え、受け入れていただいたことがあります。自分の苦手さに対して、どのような配慮をしてもらえばより力を発揮できるのか、そこを本人が理解し、具体的に伝えられるのがいちばんです。

本人がうまく伝えられない場合は、家族や支援者が問題点を整理し、会社に対して要望することができます。直属の上司や人事担当者に相談する、職場定着のためのサポートを受ける（第８・９章参照）といったことを試すといいでしょう。

5 生活管理で大失敗！やっぱ体が資本だわ

アルバイトで自信や責任感がついてきましたが発達障害の息子にとっていいことばかりではありませんでした
プルルルー
はーい
はいはい
バイトを頑張りすぎたために困ったことが起こりました
アラ先生！
リュウ太くんこのままだと卒業できません
学校の先生
え――リュウ太学校に行ってないんですか!? 補習が25コマ再試験が2つですか!!
びくっ
リュウ太が通う専修学校は単位制で
授業のほとんどが実習です
休むと取り返すのが大変

寝坊はよくしてたけど毎朝ちゃんと出て行くから安心してたのに……
いってきまーす
20歳になっても学校のことで悩まされるとは思わなかったわ
母がショックを受けているときぼくはというと学校に行く途中で
カー
カー
いけね～また寝こんじゃった
どうしてもだるくてだるくて眠くなるんだ
気がつくと授業が終わる時間になっちゃってて
しゃーない部活だけ出よ
スッキリ
明日ちゃんと行けば大丈夫？
うん大丈夫
ブウウー
毎回こう思っていたんだよね

――というわけです
ケロッと
バカたれー!!
学校とバイトの後に夜遊びするからよっ
補習と再試験全部受けないと卒業できないって先生が言ってたよ
卒業まで1日でも休んだり遅刻したらアウトだって!!
オレそんなにヤバイのか!?
このとき卒業5ヵ月前
卒業ができないと自動車整備士国家試験の受験資格証をもらえなくなるという現実が待ってたんだ
さっ
試験受けてもええで
学
あっ
スカッ
資格を取得しないと整備士としての就職が難しくなる
就職できないと奨学金の返済ができない
親にめちゃくちゃ怒られるから恐い!
父
まずいっ

その頃のぼくは
学校やバイトが
終わった後
学校の友だちと
集まって
過ごすのが楽しくて
しかたなかった
田舎の駐車場
オレのバイク
部品交換するの
手伝って
おう
いいぜ
年代物の車を
修理しながら
乗りまわすのが
好きな人が
多かったから
お互いの
バイクや車を
いじりながら
アレやコレやと
深夜まで
語りあってたんだ
わい
わい
つい夢中になって
家に帰るのは朝方……
ゴメン
うるさい
何時だと
思ってるの
バタ
バタ
こんなことが
週2～3日は
あったな
睡眠時間が減っても
楽しくて
やめられなかったんだ

バイト先では
仕事のほとんどが
洗車と車内清掃
肉体労働だから
全身が疲れるよ
ゴシゴシ
お客さんの車を
扱うときは
注意事項が
いくつもあって
ミラーを
ズラさない
座席を
ズラすときは
元の位置に
色テープで
印をつける
物をズラさ
ないように
掃除する
などなど
うわっ
物だらけ
一つ一つ
注意しながら
作業をするのは
大変なことだった
暑さ・寒さに
耐えなきゃ
いけないし
集中力が必要で
すごくエネルギーを
使うんだ
ジリ
ジリ
だから
土・日働くだけでも
ヘトヘトになる
ゆっくり休まないと
体がもたないん
だけど
学校もあるし
遊びにも行きたいしで
疲れが
たまっていって
たんだと思う
ねむー
午前さま

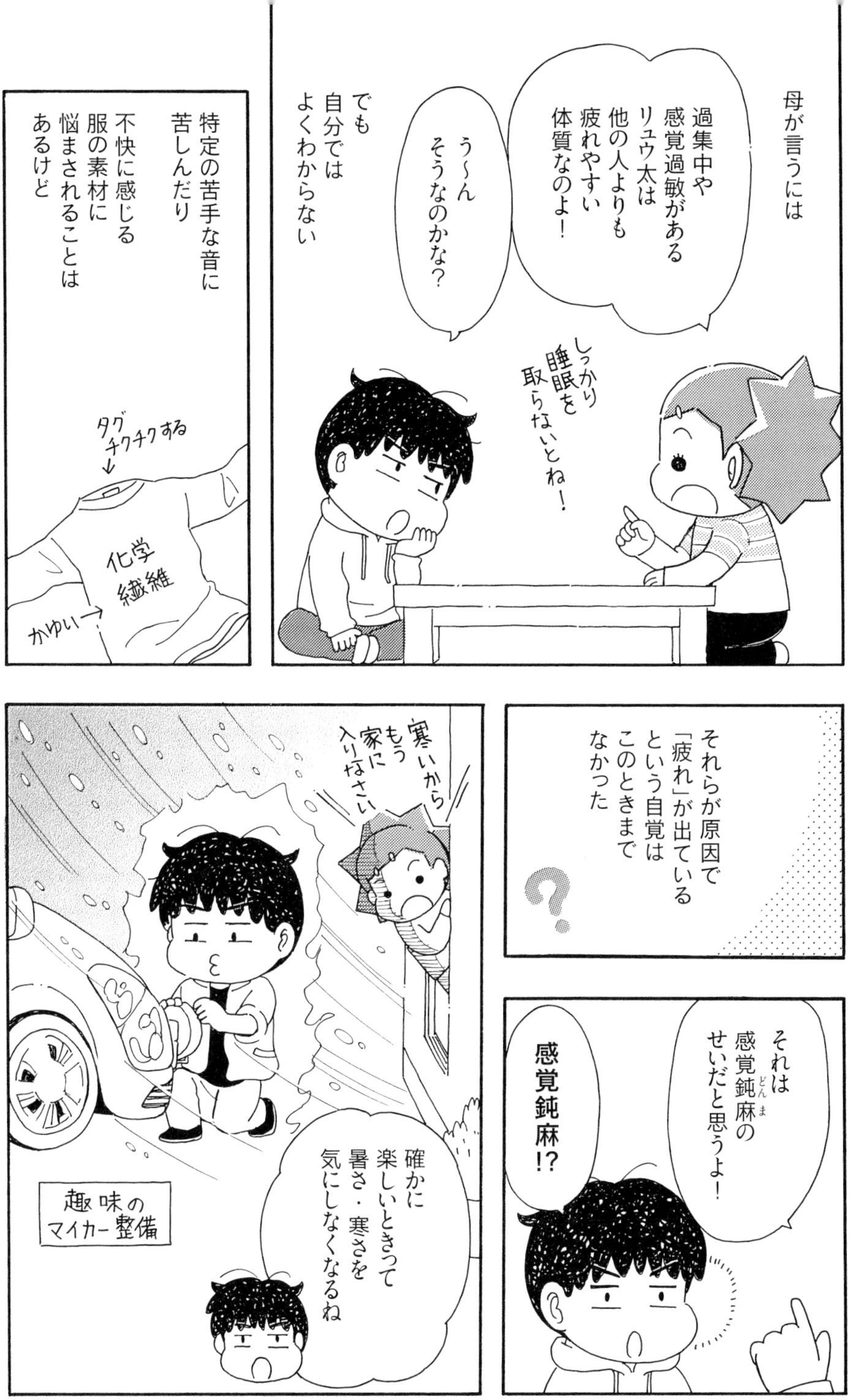
母が言うには
過集中や感覚過敏があるリュウ太は他の人よりも疲れやすい体質なのよ！

しっかり睡眠を取らないとね！

う〜んそうなのかな？
でも自分ではよくわからない

特定の苦手な音に苦しんだり不快に感じる服の素材に悩まされることはあるけど
タグチクチクする
化学繊維
かゆい→
それらが原因で「疲れ」が出ているという自覚はこのときまでなかった
それは感覚鈍麻《どんま》のせいだと思うよ！
感覚鈍麻!?
寒いからもう家に入りなさい
趣味のマイカー整備
確かに楽しいときって暑さ・寒さを気にしなくなるね

時間の経過の感覚
切り傷などの痛み
気温の感覚
なにかに夢中
空腹感
のどの渇き
疲労感
集中しているときこれらのことに気づきにくくなってるかも!!
無理している自覚がないから体力以上に頑張っちゃうし後で風邪ひいたり夏は熱中症になったりしてるよね
バイトで入ってくるお金もあるしやりたいことは多いし 時間が足りないんだよ

学校のことはきっとなんとかなるだろうと思って後回しにしてた
バイトも遊びもしたい気持ちはわかるけど疲れやすい体質なんだからしっかり休まなきゃ
自分で健康管理をするのが難しいなら一緒にやっていこう
卒業するまで遊びに行くの禁止！バイトも禁止！
えー そんなのムリだよっ バイト代ないと車のローン払えないよっ
ワーー
ちっ
仕方ないわね 支払いの足りないぶんは卒業まで立て替えてあげる
えっ ホント？♡
ニヤっ
喜ぶな ムカつく
クソ息子

んじゃ毎月コレヨロシク
チーン
車のローン 9000円
車の保険 12000円
ケータイ代 10000円
ギャー
あと補習代1コマ2500円
こういうときだけきちんとしてるんだから！
あーすごく気が楽になった！
お金の心配がなくなったからよく眠れそう
明日から遅刻しないでちゃんと学校に行くよ！
バイト先には「国家試験が終わるまで休みます！」って伝えて
うん……了解 実はバイトしてる場合じゃないだろうって思ってたよ
同じ学校のOB
ですよね
5カ月間通常の授業と補習に集中した！
基礎自動車工学

補習授業は
夕方4時からで
眠くなる〰〰
でも気合い入れて
覚えないとな
補習授業の後は
国家試験に向けた
対策授業に
合流して
夜10時まで勉強
わからん……
延々と過去問をやる
心を入れ替えて
真面目に
取りくんだ結果
よし！
本日で全ての
補習が終了だ
ほっ
へろろ
やったー
卒業できる——
バイトもしたい
遊びもしたい
でも
体質の問題が
あるから
ムリは禁物！
気をつけなきゃな～と
思い知ったよ

プロの視点

意識的にリフレッシュの機会をつくるのが大事

「過活動」も「不活発」もNGです。休日はほどよく充実させ、疲労回復に努めましょう

◆仕事には「体力」と「持久力」が欠かせない

アルバイトにも正規雇用にも共通して言えることは、とにかく「体力」がいるということです。肉体労働は言うに及ばず、デスクワークであっても、8時間労働を毎日続ければ、誰だって疲れます。それだけではすまず、残業を頼まれることもあるでしょう。

学校と異なり、仕事にはふつう、長期休暇はありませんし、自分の都合だけで休めるとは限りません。試験のときだけ頑張れば成績が維持できるわけでもありません。一定の業務を、日々、長期にわたって継続することが求められます。

つまり社会人は、学生よりも安定した体力や持久力が求められるのです。

発達障害の人は、概して「疲れをためこみやすく・疲労に気づきにくい」ことが多いので、体力・持久力の必要性については、本人も周囲もよく意識しておく必要があります。

◆発達障害の人が疲れやすいのは、「体質」と「考え方の特性」が原因

体質

感覚過敏がある人は、環境からのストレスを人一倍受けやすくなっています。

たとえば、聴覚過敏のある人は周囲の音で集中力をかき乱され、視覚過敏のある人は蛍光灯の光をまぶしく感じたりするのです。このため、同じ仕事をしていても、感覚過敏がない人より余計に疲れをためこんでしまうわけです。

また、感覚が鈍い特性（感覚鈍麻）がある人は、自分の体の異変になかなか気づけません。暑さや寒さ、疲れ、痛みなどを感じにくいため、熱があったり骨折したりしてもすぐには気づかず、本人が異変を感じたときには入院しな

視覚過敏なし　　視覚過敏あり

ければならないほどの状況だったという話を数多く聞きました。

リュウ太くんには感覚過敏も感覚鈍麻もあるようですが、彼のようにＡＤＨＤで活発すぎるタイプは、疲労に無自覚なまま、週末にセミナーやイベントなどの予定を詰めこみがちになるので要注意です。

考え方の特性

発達障害の中でもＡＳＤの人は、概してコミュニケーションに苦手意識があり、一人でいることを好む傾向にあります。そのため、職場で大勢の人と一緒にいるだけで疲れてしまうようです。

それに対してＡＤＨＤの人は、人と関わるのは好きでも、感情の変化が激しすぎるため疲れてしまうことがあるようです。少しほめられると有頂天になる一方、些細な失敗でガクッと落ちこみ、体調にまで影響が出る相談者が何人もいました。実際、そのほとんどがうつや不安障害を抱えていました。

そして両タイプの共通点として「ネガティブな考えに囚われて、なかなか気持ちを切り替えられない」という特徴があります。

仕事上のトラブルについて、帰宅してからも、休日も、一人で悶々と悩み続けて不安を募らせ、さらに自分を疲れさせてしまうわけです。

◆仕事を継続するために、ぜひ「自己管理」と「周囲からの働きかけ」を

自己管理

おもなポイントは下の図にまとめました。

プライベートの過ごし方はストレスの軽減に大きく影響します。やりすぎは禁物ですが、休みの日は仕事や職場のことを考えず、充実した時間を過ごした人のほうが仕事で安定したパフォーマンスを発揮できます。

運動やスポーツジムでのトレーニングは、ストレス発散と同時に体力もつくので、一石二鳥かもし

自己管理 3つのポイント

point 1 ストレスに気づく
睡眠時間や体調の記録を取っておくと、疲れ具合が客観的にわかる

point 2 ストレスを軽減する
★音が気になるなら一時離席して静かな場所で休む
★ストレッチをしたり冷たい水を飲むなどして気分を変えてみる
★好きな犬や猫の写真を眺めて心を和ませる時間をもつ
……など自分に合ったものを

point 3 オンとオフをわける
外出する、運動する、趣味に没頭してみる、など好きなことで気持ちを切り替える

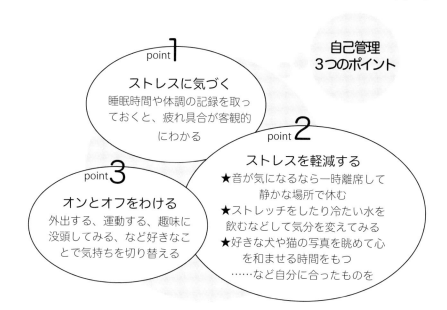

れません。

カラオケに行って大声で歌うのが好きという人もいます。友人に話を聞いてもらうのもいいでしょう。

「外出するのもおっくう、話を聞いてもらえる友人がいない」という人でも、好きな映画やドラマ、趣味の一つくらいはあるはずです。それらに時間を費やすと、気持ちが紛れるのでおすすめです。

ちなみに、プライベートの充実には、単なるリフレッシュ以上の意味があります。

ボードゲームやテーブルトーク・ロールプレイングゲーム（TRPG）が好きな相談者は、中学生の頃から大学生のお兄さんお姉さんと遊べるような場に参加していました。

その頃は保護者と一緒に参加していましたが、成長して就職したあとはそのグループのスタッフとな

TRPGとは、複数の参加者が各キャラクターを演じながら物語を進めるゲームのこと

り、ゲームマスター（ゲームの進行役）としても活躍するようになります。

さらに彼は、一人でＴＲＰＧカフェ（ＴＲＰＧが楽しめるお店）に行くようになり、勤め先でも社内でボードゲーム部を立ち上げて、現在では部長まで務めているそうです。

一見すると無駄にも見えるゲームですが、好きなことに取り組む力が社会性を伸ばし、ゲームの進行役を務められるまでに成長し、自信にもつながっていくことがある、というわけです。

周囲からの働きかけ

発達障害がある人の体質は、感覚を処理する脳機能の問題でもあり、本人にはどうしようもない面があります。

親や職場の同僚、上司、そして支援者など、周囲の人は、本人に疲れが見えていたら、「疲れてない？」「顔色が悪いけど大丈夫？」「少し休んだら？」などと声をかけてあげましょう。

休みたくとも、本人からは言い出しにくい、という場合だってあります。こまめにコミュニケーションを取り、周囲から声をかけて、安心して働ける雰囲気をつくりましょう。

大勢の人とともに過ごすだけで疲れてしまうＡＳＤタイプの人については、ソーシャルスキルトレーニングで気疲れしない対策を学んでもらうのも一つの方法です。

6 「社会人になる」って難しすぎじゃね!?

20歳

卒業から
半年前の夏
ぼくたちは
就活サポート授業を
受けて
就職活動を
スタートした
就活マナー
ポイント
ノック→ドアを開ける→ドアを閉める
ドア前から席への移動→着席
お辞儀の角度と姿勢
履歴書の書き方や
ビジネスマナー
ソーシャルスキル
就活マナーを学び
就職に備えるんだ
えー おおまかな流れで言うと〜 一次試験で「筆記」 二次試験で「面接」 というのが 一般的ですが〜
ルールや マナーばっか めんどくせー
教室には
さまざまな企業の
資料が置かれていて
就職したい会社を
ここから選んでいく
企業が学校で行う
説明会の内容で
選ぶこともある
□□□社
説明会
学校事務 00まで

ぼくが通う専修学校では学校を通して志望企業への申し込みが行われるので
いつまでも就活しないでいると

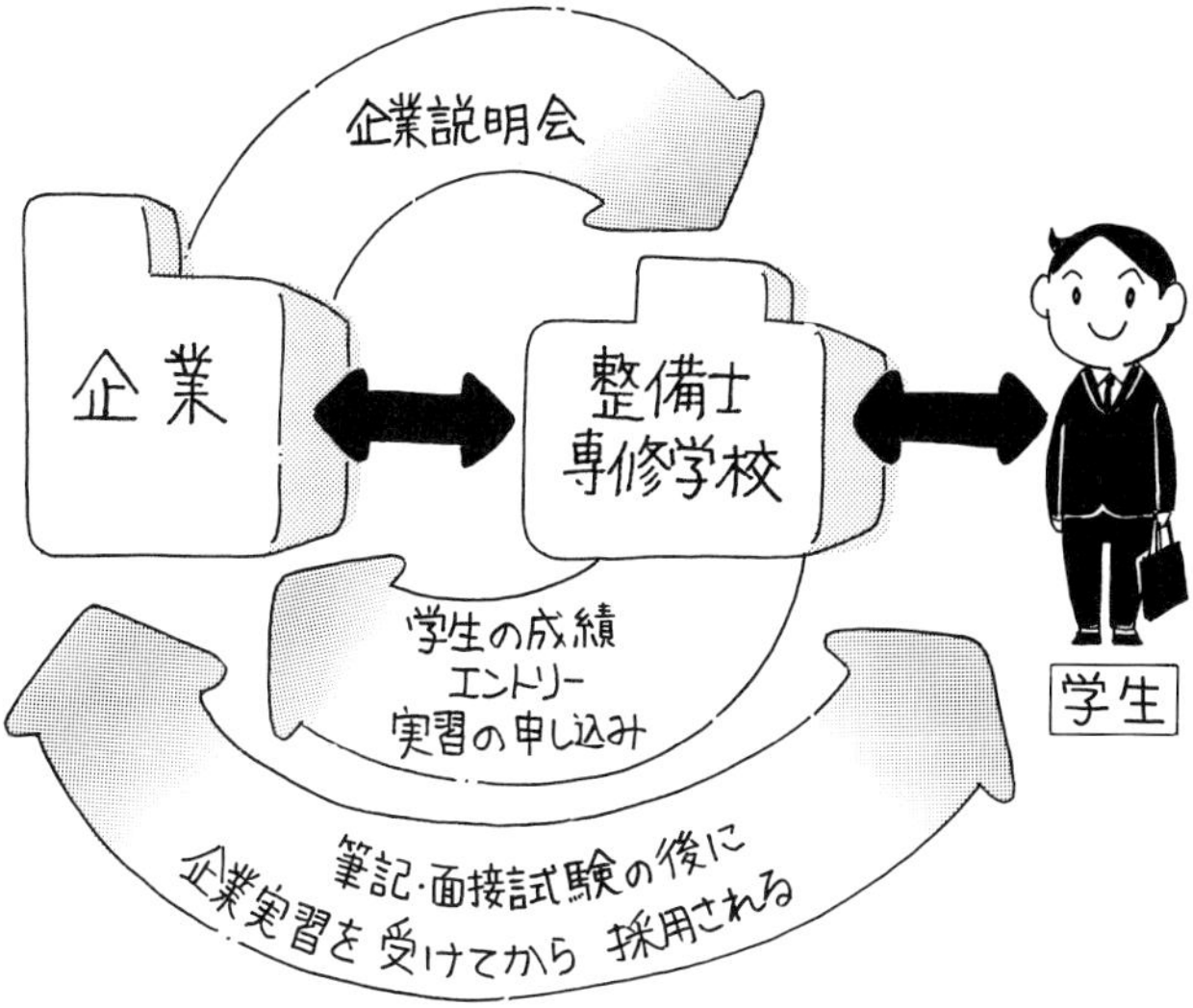
企業説明会
企業
整備士専修学校
学生
学生の成績
エントリー
実習の申し込み
筆記・面接試験の後に
企業実習を受けてから採用される

〈採用までの流れ 例〉

就職はどうするんだ?
今のバイトをやめたくないので就職はしないッス
先生からしつこく声をかけられる

――はずなんだけど
そうか
ぼくの場合はダメ学生すぎてそんなこともあまりなかった
そっす

オレ来週から○○社で実習が決まった
早いな～オレはJAFに応募したいな
同級生はみんな真面目に就活を進めていたよ

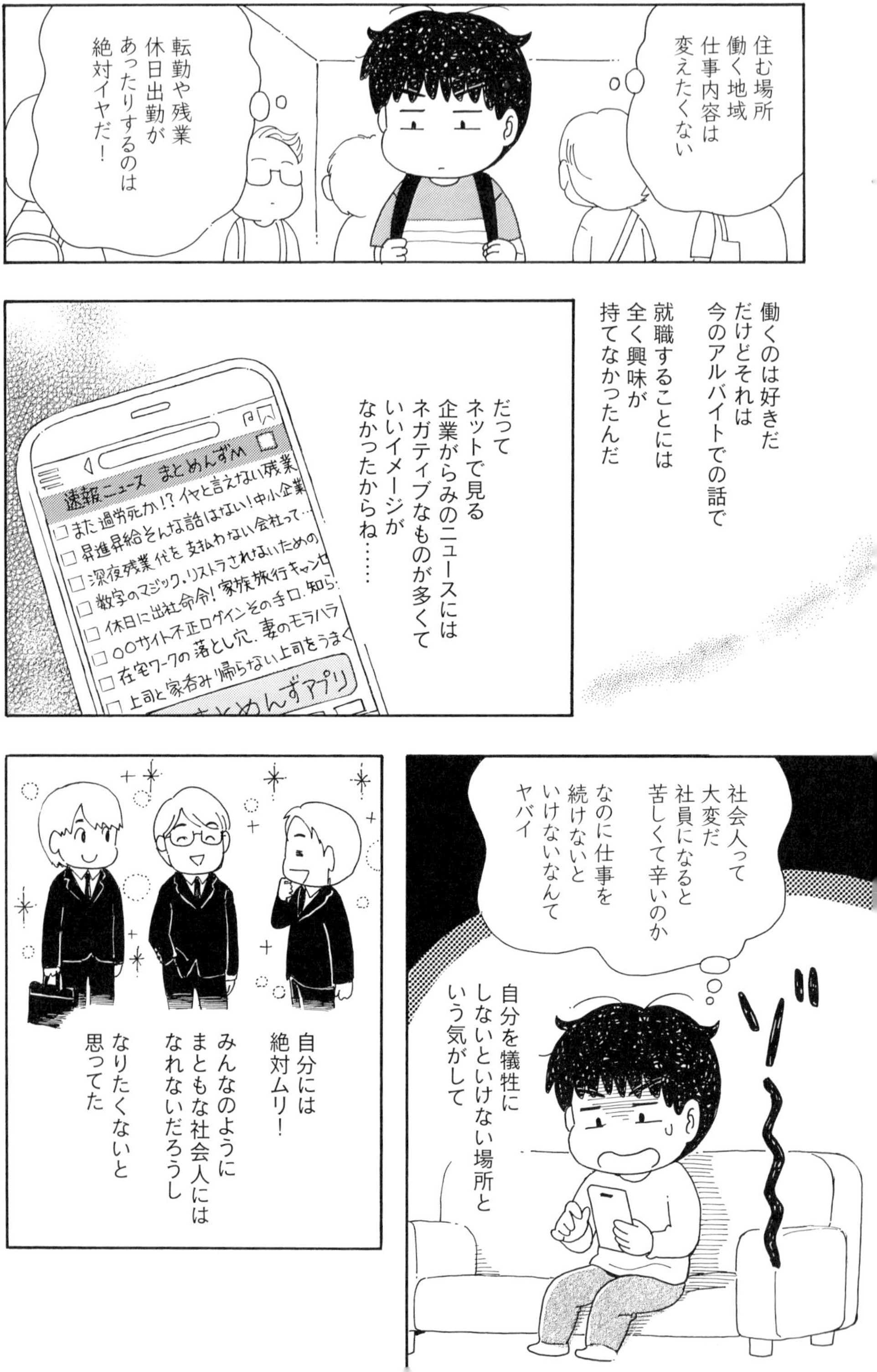
住む場所
働く地域
仕事内容は
変えたくない
転勤や残業
休日出勤が
あったりするのは
絶対イヤだ！
働くのは好きだ
だけどそれは
今のアルバイトでの話で
就職することには
全く興味が
持てなかったんだ
だって
ネットで見る
企業がらみのニュースには
ネガティブなものが多くて
いいイメージが
なかったからね……
速報ニュース まとめんずM
また過労死か!? イヤと言えない残業
昇進昇給そんな話はない！中小企業
深夜残業代を支払わない会社って…
数字のマジック。リストラされないための
休日に出社命令！家族旅行キャンセ
○○サイト不正ログインその手口。知ら
在宅ワークの落とし穴。妻のモラハラ
上司と家呑み 帰らない上司をうまく
まとめんずアプリ
社会人って
大変だ
社員になると
苦しくて辛いのか
なのに仕事を
続けないと
いけないなんて
ヤバイ
自分を犠牲に
しないといけない場所と
いう気がして
自分には
絶対ムリ！
みんなのように
まともな社会人には
なれないだろうし
なりたくないと
思ってた

この頃は
ネットの情報を
真《ま》に受けて
勝手に
イヤなイメージを
ふくらませて
いたんだ
もう
リュウ太
就活は？
どうなってるの
しない！
え――
そんなぼくが
就職を
意識するように
なったのは
卒業の
2カ月前のこと
1月
バイト先で
おい
リュウ太
○△自動車
まだ就職先が
決まってないのなら
グループ会社の
△△社に推薦状を
書いてあげるよ
バイト先の
責任者
えっ
マジすか!!
業務内容は
ここと全く同じで
働きやすいから
おすすめするよ！
それなら
その会社で
働きたい
推薦状
よろしくお願いします

ぼくが アルバイトをしている ○△社は 車の販売や修理 点検を行っている 地域に根ざした 中小企業
繁忙期以外は 残業も少ない
すすめられた △△社は 姉妹店のような店舗で 同じ地域にあるから 通勤しやすい！
ぼくの理想の職場じゃないか！
△△社に 就職できたら いいな
先生に 「やっぱり 就職します！」って 伝えなきゃ
そこで 気がついた
そうか！ オレは 会社員になるのが 恐い！ イヤだ！ って 思ってたけど
本当は 自分の希望にあう 会社に就職したくても どうせ採用されない だろうって あきらめてたんだ……
自分の 気持ち 気がつくのに 遅っっ〜〜

ところが 1月のこのときは まだ補習が 半分残っている 状態だったから
△△社を 受けます
は？ 今の状況じゃ 卒業すら 危ういぞ！
就活している 場合じゃなかった！
オカン
せっかくの 推薦が 補習のせいで ダメなのか〜〜
いいよもう オレ 補習と就活の 両立できないし
国家試験も あるから実は いっぱいいっぱい なんだ
仮に△△社受けて 内定もらえても 国家試験に落ちたら 取り消しだしね
そうだけど さ〜
3月
猛勉強の末
卒業できた！ これで 国家試験を 受けられる！
それに いいニュースも あるよ
卒業 おめでと〜
え〜 なに？

先生に△△社のことを再度相談したら学校から取りついでくれた
国家試験の2日後に入社試験を受けられることになったよ!
ええっ
補習終了
卒業
国家試験
△△社就職試験
予定が詰まりすぎで頭の中がごちゃごちゃだ
ぼくが目指す二級自動車整備士の資格を取得するとガソリンエンジン車の修理や点検など専門的な仕事ができるようになるんだ
国家試験当日
忘れ物はない?受験票は持ったの?
大丈夫だよっカバンに入れたって
いってきまーす
ったくお母さんは
昔から持ち物にはうるさいよな〜
ピ
受験票だけは忘れないようにすごく気をつけていたんだけど

試験会場前のコンビニで気がついた
あっ あれっ
ウソだろ
筆箱と計算機がない!!
重要アイテムを忘れるとはさすがオレ
世界のヤキソバ
うどん
うどん
仕方がない 昼めし買うのやめてコイツを買おう!
所持金千円
800円
CANEDA
家を出る前焦って確認するの忘れてた!
ひょいっ
早めに行って勉強しよう
苦笑
おーい 筆記用具貸してー
いたいた
おう えっ マジ 忘れたの!?
ありえねー
この頃はウッカリやらかしてもパニックになることはなかったよ
バイトでの失敗経験で度胸がついたのかも

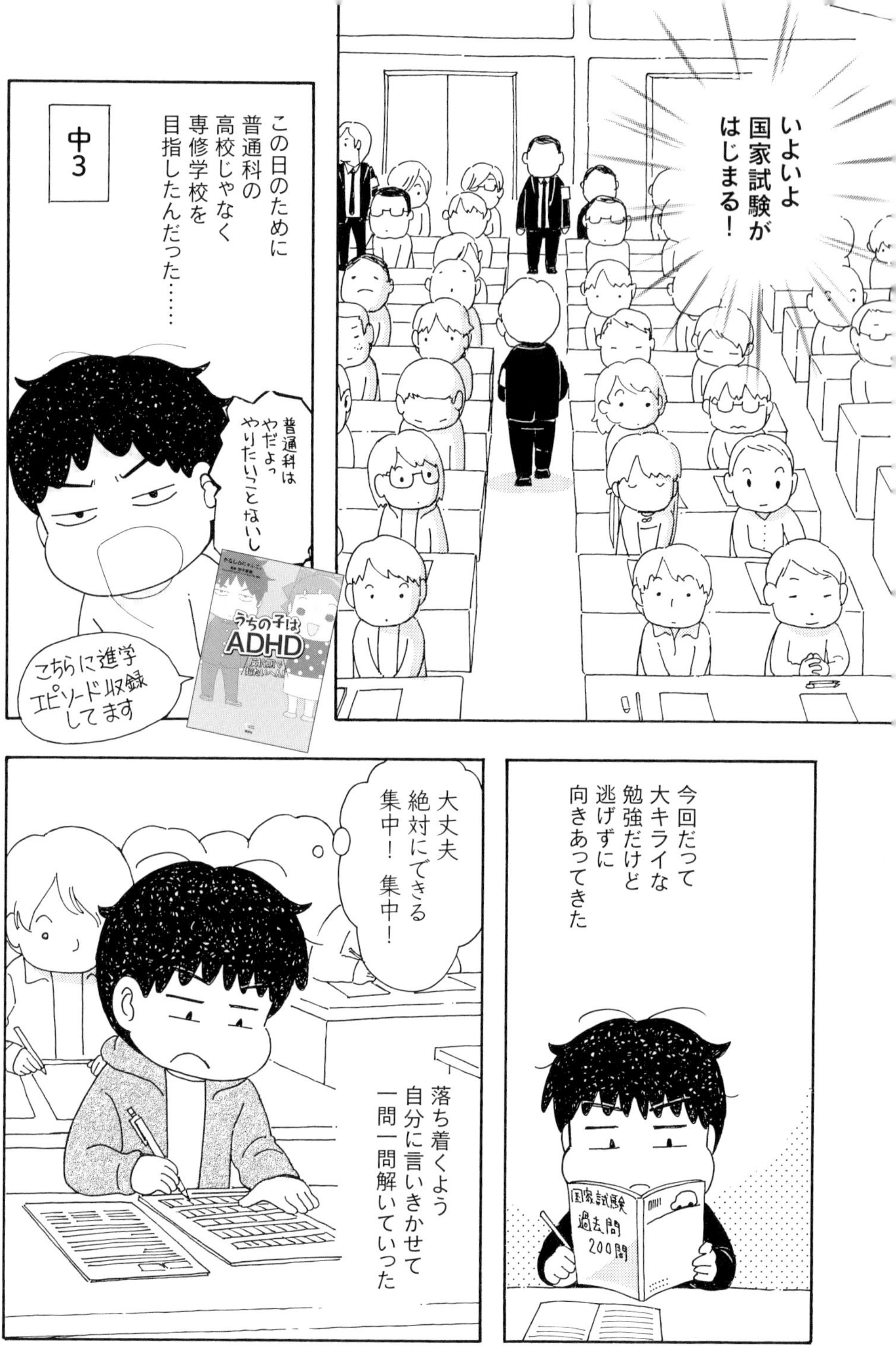
いよいよ国家試験がはじまる！
この日のために普通科の高校じゃなく専修学校を目指したんだった……
中3
普通科はやだよっやりたいことないし
うちの子はADHD
こちらに進学エピソード収録してます
今回だって大キライな勉強だけど逃げずに向きあってきた
国家試験過去問200問
大丈夫絶対にできる集中！集中！
落ち着くよう自分に言いきかせて一問一問解いていった

自動車整備士の試験は
一級～三級があり
それぞれ学科と
実技がある
専修学校の卒業生は
実務経験が
あるとみなされるので
実技は免除
ぼくは二級の
ガソリン自動車と
ジーゼル自動車の
2つの学科を受けた
ガヤ
ガヤ
ふぅっ
力は出しきった
自己採点だと
たぶん合格だ
もうダメかもと
思うことでも
努力すると
一つ一つ
かなっていくんだな
2日後は
△△社の
入社試験……
なんとかなるかな?

プロの視点

本人の「好き・得意」を原点に、現実的な仕事選びを

仕事選びは、適性を慎重に見極めて。場合によっては第三者の手を借りましょう!

◆資格もいいが、それ以前に自分の「適性」が大事

就職に備えて、資格取得を目指す人は少なくありません。リュウ太くんのように明確な目標があって受験するなら、賢明な選択だといえます。

しかし、資格があればいい仕事に就けるしその後も安泰、というわけではありません。資格以前に「自分の適性に合う仕事」を選ぶのが大事なのです。

バイトにも向き・不向きがあることは、第3章ですでに説明しましたが、就職して一つの職種に就くと、バイトのとき以上に担当する業務が増え、責任も広がります。また、それが自立して生活する糧を得る手段になるわけですから、簡単に辞めるというわけにもいかなくなるでしょう。

だからこそ、社会に出るにあたっては、アルバイトのとき以上に慎重に「適性」を見極めることが必要になるのです。

◆仕事に就きたいと考えるなら、「好き・得意」をまず振り返ってみよう

では、就職にあたって、適性はどのように見極めればいいでしょうか。

本人の「得意なこと・好きなこと」にフォーカスするのがポイントです。

自分の「不得意なこと・嫌いなこと」に取り組むのは、誰にとってもストレスです。したがって「不得意・嫌い」を仕事にしても長続きするはずがありません。

逆に、「得意・好き」なら、少なくとも気分よく取り組めるし、本人のモチベーションも高まるはずです。だから、「手に職を」の考えだけで資格取得を目指すよりは「何が好きで、何ができるか」を考えることのほうが重要なのです。

「自分には得意なことがない」と嘆く人もいますが、本当にそうでしょうか。本人は気づいていなくても、案外できていることはあるものです。

また、複数の「得意」があると、選べなくなってしまう発達障害の人もいます。そういう場合は、「自分の好きなこと」を軸にして考えを深めてみましょう。

もちろん、「好き」を追求すればなんでもいい、というわけではありません。中には娯楽（アニメ鑑賞、カラオケ、プラモデル制作ほか）など、仕事に結びつけにくい好みもあ

ります。

また、就職には企業側のニーズも関係するため、自分の好みだけでは決まりません。たとえば、私が担当する相談者の中には鉄道好きの方が多く、運転士に憧れて鉄道会社を志望する人もいます。

しかし、そもそも運転士になれる人数は限られていますし、鉄道会社側が「鉄道に詳しい人」ではなく、駅構内や沿線で事業を拡大するために「お客様対応ができる人」を求めていることも多いのです。

ですので、好きを追求すればなんでもいい、というわけではありませんが、「得意・好き」を振り返ることが、いい仕事に巡りあう第一歩になるのは確かでしょう。

◆適性がまったくわからないときは、他者のアドバイスを参考にしてもいい

しかし、自分に向く仕事は何なのか、自分で見つけられない若者は少なくありません。就業経験のない人の場合、自己理解が十分にできていないので、「特性のためにできないこと」や「苦手なこと」が把握できていないケースもあります。

一般の学生は、アルバイト経験や先輩・友人からの情報、そしてインターンシップへの参加などを通じて情報を得て自己分析を深めていくことが多いようですが、人との関わり

が薄く情報が不足しがちな人の場合は、保護者や支援者のほうから情報を提供していく必要があるでしょう。

また、新卒の学生であれば、私は「新卒応援ハローワーク」や「わかものハローワーク」の利用をおすすめしています。「働くのが怖い」といった相談から、自己分析のサポート、職業適性検査などもできる場所です。

◆資格取得を目指すなら「本当に使える資格か」を見極めよう

私はもちろん、資格取得を一概に否定するつもりはありません。

ですが、業務に関係ない資格をたくさんもっていても、「資格を活かせない人」と見られて、かえって印象が悪くなることもあるのです（もちろん、取得に費やした努力は認めてもらえるでしょうが……）。

もし、資格取得を考えているなら、その資格は本当に有用かどうか、仕事とのマッチングを考えることが必要です。具体的には次のポイントが挙げられます。

そもそも就職口はあるのか

図書館司書を希望する相談者がいましたが、司書資格はもつ人が多い割に正規雇用の求人はほとんどありません。求人が少ない職種を目指しても、就職にこぎつけることは難しいのです。こうした資格の場合は、取得する価値があるかどうか、よく考えるべきです。

本当に自分の強みになるか

「TOEICで高得点をもっている。得意な英語を使いたいから外資系に勤めたい」という人も多いのですが、外資系企業では英語はできて当然なので、強みにはならないと考えましょう。

また、「苦労して取った社会保険労務士の資格を活かしたい」と、人事部への配属を希望する人もいました。しかし近年ではその業務は外部に委託されることが増えていて、社内では知識を活かせないこともあります。

こうしたケースでは、別の企業や職種を目指したほうがいいかもしれません。資格にこだわりすぎて視野が狭まることのないようにしたいものです。

とはいえ、リュウ太くんが目指す自動車整備士などのように、資格がなければ就けない仕事もあります。また、会社によっては昇任試験が行われたりもします。

「合格するかどうかわからない、曖昧な状況」が極端に苦手で、パニックになってしまう発達障害の人もいるようですが、何度も受験できて、落ちてもたいして痛手にならない資格や各種検定試験に挑戦し、経験を積んでおくことを私はおすすめしています。

◆起業やフリーランスの仕事は高度なマルチタスク。おすすめできない

起業したいという夢をもつ発達障害の人もいます。また、「フリーランスで働きたい」という相談も多く受けますが、どちらの選択肢も、私はあまりおすすめできません。

起業は、そもそも資金調達など周到な準備が必要です。フリーランスでデザインやライターの仕事をしている人もいますが、自分を売りこむ営業努力や、金額の交渉などを常時する必要があります。そのような環境で仕事を続けるのは、発達障害の有無にかかわらず、どんな人にとっても難しいことと考えるべきでしょう。

◆支援には根気が必要と心得ておこう

興味の有無がはっきりしていて、関心がないことにはなかなか取り組めない――発達障害のある人には、そんなタイプがめずらしくありません。

本人のやりたいことから仕事選びをスタートするとよいでしょう。その際、親や支援者がいろいろな選択肢を提示するのも大事です。「これはどう?」「あれはどう?」と数多く提案していくと、本人の興味関心にひっかかるものが出てきたりします。

支援には、その本人のひっかかりを探し続ける根気と、幅広い情報収集力が必要です。

7 メッチャ後悔！就職活動ナメすぎてました

入社試験前日
リュウ太 少しは入社試験の勉強しなさい！
あ…… わかってるよ うるさいなー
だるーん
ネットに 就活用の問題集 サイトがあるから やってみたら
どんな問題が 出るのかもわからないのに 今からやったって ムダだよ
じゃあ 面接の練習を やろう！
お母さん 面接官 やるから
入室の ところから やろうか
就活サポート授業で やったから 大丈夫だよっ
いいから 向こう行ってて

ネットの動画で面接マナーをおさらいしなさい
ガミ
はい はい
ガミ
ぼくは気持ちに大きな波がある
前日まではやる気満々でも
翌日には燃えつきたようになにも考えられなくなることがあって
この日がそれだった
国家試験で気力使いすぎた
△△社面接頑張れよ
大丈夫大丈夫
バイト先の先輩たちは応援してくれたけど……やっぱりムリかも
本当は少しでも勉強や面接の練習をしたほうがよかったのに
学歴
△△社からの入社試験の案内をチェックすることしかしなかった
メール届いてる
朝10時に受付へ説明会のあと筆記試験・面接所要時間は2時間程度を予定しており……

怠けていて
やる気がないように
見えるけど
急に
就活することになって
心の準備ができず
モヤモヤしてたんだ
補習で一度あきらめ○
○卒業
入社試験日○
疲れから徐々に
テンションが下がって
きてしまった
でも
幸か不幸か
爆睡したおかげで
当日はスッキリ
元気だった!
よし
身だしなみ
OK!
カタン
向かう途中
ようやく
面接のイメトレを
はじめたよ
え〜
志望動機は
車が大好きで
以前から整備に
興味を持ち〜
カタン
△△社本社
LEEYB
おお
就活スーツ集団
みんな ぼくよりも
ずっと賢そうだ
同年代なのに
みんなが大人に見えて
自分も交ざって
いいんだろうか?
って気持ちになった

受付に行く
グッドタイミングが
あったよね
5分前が
ちょうどいい
みんなが
動きはじめたら
あわせよう
一つ一つの行動に
自信がないから
ソワソワしちゃったな
それに……
○○専修学校の
かなしろリュウ太です
あの……えっと
本日10時からの
入社試験を
受けに参りました
う～んと……
受け付けの段階から
「あの」とか「えっと」と
NGワード連発で
いきなりピンチ！
5番の席へ
お座りください
ペコ
ペコ
汗がっ
ポタポタ
だんだん
緊張してきて
頭の中がまっ白に
なってきた
筆記試験が
はじまると
少しずつ落ち着いて
きたものの
黒い服の
せいだろうか？
学校のテストとは
違う雰囲気に
のまれて
冷静に取りくめなかった

中・高の5教科から少しずつ出題されているのか!?
習ったのにさっぱりわからないぞ
う～ん 因数分解に 連立方程式 なつかしい～
けど解き方忘れたし
筆記試験はさんざんだった……
歴史が少しと漢字の書き取りぐらいしかできてなくね?
ちーーーーん
ちゃんと予習してこなかったことを大後悔!!
これは1年前から準備をしないといけないヤツじゃね?
面接で挽回するしかない
バイトの面接ってすごい簡単だったよな～ それに比べてこれはオーディションだ
ドキドキ
△△社では筆記試験と同じ日に面接を受けることになってたよ
ノックは3回っと
コン
コン
コン

ふつうは筆記試験の後日を改めて何度か面接が行われるみたいだね
失礼します
ぼくの場合は系列会社の紹介だったので
面接室に入室したのはぼく一人誰かを参考にもできずに焦ったな～
○○専修学校卒かなしろリュウ太です先日二級自動車整備士の国家試験を受験しました
自己PRや志望動機は暗記していたからスラスラ言えたんだけど
○△社の○○営業所で整備助手のアルバイトを経験して車両整備に携わる中で——……
就活サポート授業で聞かされていたタブーを
面接ではウソはつかないこと
第一次面接
人事部
第二次面接
営業部・役員
二次面接でより踏み込んだ質問をされたときにウソが発覚することがありますからね！
やっちゃったんだよね……

学校を頻繁に休んでいたようですがナゼ休んだのですか？
えっ
そうくる!!
考えてもいなかった質問をされて
正直に寝坊というとサボり癖があると思われるよな
ーーでとっさに出たのが
家庭の事情です
この言い方はちゃんとした答えになってないしウソだとモロバレなのでよくなかった……
はーすごく疲れた〜〜〜
入社試験って大変なんだなこんなの何回もやりたくない
帰りは反省だらけだったよ
もっと違う言い方があったはず
いや……もう後悔しても仕方ないだろう

現在
へ——面接官にそんな質問されてたんだ
その1回しか経験しなかったオレが言うのもなんだけど
面接の練習は必要だね!
少なくとも5回はやったほうがいいよね
だからあのとき練習しようって誘ったじゃないの
うん ホント あのときはゴメン!
就活ナメてた
ぶっつけ本番でどうにかなるものじゃないよね
うん 事前に筆記試験の問題に慣れておくべきだったし
面接で弱点をつっこまれたときにどう答えるかも考えておけばよかったよ
ぼくという人間をじっくり観察されるのが面接なのかもしれないと思ったのでした

プロの視点

就活でまず問われるのは一般常識とマナー。誰でも対策できるので、すぐ始めましょう！

失敗の多くは「早めの準備」で避けられる

◆発達障害の人はスタートからつまずきやすいので要注意

発達障害のある人は、就職活動を始める前から失敗しているケースがあります。よくあるタイプを挙げておきましょう。

★その①：直前アタフタ系

学校の単位が足りておらず、卒論など卒業間際の〝大仕事〟まで抱えた結果、「勉強で忙しく、就職活動をする余裕がない」と言う学生の相談者が非常に多いです。卒業直前まで補習に追われたリュウ太くんも、このタイプかもしれません。

★その②：空気読めない系

同級生が就活で忙しくしていても、その雰囲気を感じ取れなかったり、周囲の動向にも無関心なため失敗するタイプ。あとになって「気づいたら周囲はとっくに内定をもらっていた」とこぼす相談者はめずらしくありません。

★その③：視野狭窄《きょうさく》系

相談者の中には公務員を目指す人も多いのですが、「公務員じゃなければダメだ！」などと思いこんで試験勉強一辺倒になり、民間企業を選択肢から外すのはリスキーです。公務員試験の前に企業の採用活動は始まってしまうので、公務員試験に落ちた場合、就職浪人がほぼ確定してしまいます。

こんな失敗をしないよう、大学生なら3年生までにできる限り多くの単位を取得する計画を立てましょう。また、3年生になったら、親など周囲の人が就職活動の行程表を本人の机の前に貼るなどのサポートをすると、視覚的に印象付けられて意識が高まります。行程表はインターネットで検索すれば入手できますが、情報が多すぎると混乱を招くので、本人の志望などに関係する事柄だけピックアップするなど、編集の必要があります。

◆**就職活動の流れと注意点**

一般に就職活動は、**①エントリーシート→②筆記試験→③面接→内定**の順で進みます。

この流れに沿って発達障害のある人が失敗しやすいポイントと対策をまとめました。

①エントリーシート：早めに取りかかるのがコツ

フォーマットが企業ごとに異なるため、どう書いてよいのかわからない、という人もいますが、1つ書き上げるとそれがサンプルとなって、次からは徐々にうまく書けるようになります。本人が納得のいく自己PRが完成するまで半年かかった学生もいたので、早めに取りかかることが大事です。

また、「自分にはPRできるものがない」と悩む人も多いのですが、地域の掲示板で見つけた防災イベントの一日ボランティアに参加してもらい、その経験を自己PRに書いてもらったことがあります。「すぐできること」は、意外と身近にあるかもしれません。

どうしても自分でエントリーシートを完成できない場合は、大学のキャリアセンターや新卒応援ハローワークで相談してみる、という方法があります。

②筆記試験：過去問の情報を集めよう。作文は書くことをシミュレーションする

相談者を見ていると「筆記試験は苦手」という人が多く、とくに作文でつまずく傾向が強いようです。

「学生時代に最も打ちこんだこと」というテーマで、「打ちこんだことが何もなかったので書かずに帰ってきた」という人や、「もし宝くじがあたったら?」というテーマで「正直に『一生働かない』と書いてしまって不採用になった」と話してくれた人もいました。〝空気が読めない〟という発達障害の特性が、ストレートに出てしまった事例です。

選考試験に苦手な試験が出ない会社を探すのも一つの方法ですが、避けられない場合は、事前にインターネットなどで過去問題や作文の回答例を仕入れておきましょう。

③面接:「社会人としての常識」が試される。避けるべき3つの落とし穴

身だしなみが整っていない

身だしなみはチェックされています。面接の際にワイシャツがシワだらけで、「社会人としての常識に欠ける」という理由で不合格になった人がいたので要注意。面接の前に化粧室の鏡で、髪の毛が整っているか、ズボンやスカートからシャツの裾がはみ出していないか確認しましょう。

また、季節や場所柄に合った服装を心がけてください。清潔感や季節感のある服装ができているかどうかを選考での判断材料の一つにしている企業もあるくらいなので、注意が必要です。女性は、ノースリーブなど露出の多い服は避け、化粧も控えめにしておきまし

ょう。

アニメなどのキャラクターが描かれた持ち物を持参すると、面接で子どもっぽい人だと判断されるので、面接の際の持ち物はシンプルな物を選ぶように心がけたいものです。

コミュニケーションがうまくいかない

面接でうまく話せない人は、次のどちらかのタイプであることが多いようです。

①「話さなければいけない」ということ自体がわかっていない人

面接とは何か、ということ自体がわかっていない人がいます。中には、「面接で自分のことは話したくない」という発達障害の相談者もいました。

こういうタイプには「採用する側は入社して一緒に働くイメージを見極めたいので、応募者がどんな人か知りたいはず」と面接の目的をていねいに説明し、「積極的に話さねばならないこと」をまず理解してもらうと、準備や練習がスムーズに進みました。

②自分から話そうとするが、うまくいかない人

話し始めや返事のタイミングなど、ちょっとしたコツが身についていない、というタイプです。そういう人は、親や支援者を相手に面接の練習をくり返すのがいちばんです。

面接ではまず、ハキハキと挨拶や自己紹介をします。実際に会話が始まってからは、自分が話す順番になったら、あまり間を置かずに話し始めるようにします。そういった基本

的なことができているかどうか、練習で客観的に評価してもらいましょう。

このほか、発達障害がある人は、他人と目を合わせて話すのを苦手とすることが多いのですが、面接担当者とまったく目が合わないと、印象は悪くなってしまいます。

しかし、担当者の顔をジッと凝視するとかえって相手を不快にさせてしまうので、極端にならないよう、これも面接の練習で加減することを身につける必要があります。担当者のネクタイの結び目や、前髪あたりに視点を置く、などの工夫をしましょう。

黙り込む、しゃべりすぎる

面接担当者の質問に対して、すぐに答えが浮かばないときは、「今は思い浮かびません」と言ってみると、別の質問に移ってもらえることがあります。しゃべりすぎるのはよい印象を与えませんので、簡潔な受け答えを心がけ、「何か質問は？」と尋ねられたら、質問は2つ程度にとどめておくのが無難です。

原稿を丸暗記しても面接対策にはなりません。とっさの質問に即応できないからです。家族や支援者が相手になり、くり返し練習し、あらゆる質問に答えられるようにしましょう。実際の面接のあとは「振り返り」を行い、次回に備えるといいでしょう。

8 「障害者雇用」のこと考えてみたよ！

趣味の絵
△△社から結果の連絡はいつくるの？
「採用の場合すぐに新人研修がはじまるので3日以内に電話で通知します」って言ってたけど
ぜんぜん連絡ないから完全に終わったっしょ
もういいよべつに
まだ就活1社目よ元気出して次のこと考えていこう！
そろそろ動いてくれないとね
そっとしておく時間は終わりじゃ
オレ とうぶん就活はしないよ
えっ なんで!?

オレ 社員とか
向いてない気が
するんだ
今のバイト
気に入ってるし
このままでも
いいと思ってる
ダメよ！
リュウ太に貸した
お金を早く
返済してもらわな
いと困るし
奨学金の
返済だって
アルバイトだと
大変だよ
それに
家に お金
入れてもらわないと
困るし！
マジ！
あたりまえでしょ
成人した子どもを
養う義務なんて
ないからね
え——
ムリムリ
お金ないよ
そのうちまた
就活するから
ほっといてくれよっ
そのうちって
いつよ
もー
うるさいな
あっち行って

ずっと
このままでいるのはまずいんだろうけど
今は考えたくないって思ってた
学校のことや国家試験のことで疲れちゃって……
燃えつきた感じで
新しいことをはじめる元気も出ないし
やる気が起きなかった
ねぇ リュウ太
障害者手帳取得してみる？
なにそれ？
障害がある人が持つ証明書みたいなもので
手帳があると障害者枠で働けるのよ
一般就職よりも職場で配慮してもらえるし働きやすいと思うんだよね
配慮？
なんだそれ
心配りしてもらえるってことだよ

障害者手帳を持っていると就活以外でも困ったときに福祉サービスを利用できるから助かるかなって思ってさ
それだけじゃわからん
自分でググって調べてみてよ人の話を聞くよりわかると思うから
うん
障害者手帳と聞いてもイヤなイメージはないけど
よく知らないからいいイメージもない！
カタ
カタ
ただ……自分で「障害」という言葉を使うのはいいけど
他人からレッテルを貼られるのはちょっとイヤだな……
小4のとき発達障害と告知されたそのときはすごくショックだったけど

その後
10年かけて
受け入れてきた
忘れ物が多いから
自分なりに
対策を考えたり
教科書を全部持ち歩く
ぱつん
ぱつん
思いどおりにならないことやイヤなことでイライラしたときに
「そういうこともあるさ」と冷静になる練習をしてみたり
今は怒らない
ネットの「ADHDあるある」というサイトを見て
自分なりに障害理解もしてきた
ADHDあるある
✧総まとめW✧
おもしろくて大スキ
だから障害者手帳を取得することにとくに抵抗はなかったんだ
なになに「手帳を取得してもまわりの人にだまっていれば気づかれない」
なるほど!
ふ〜ん 手帳って「身体障害者手帳」「療育手帳」「精神障害者保健福祉手帳」の3つがあるのか!
3つめ名前長っ
発達障害は精神障害の手帳なんだな

取得するには精神科などで検査・診断を受けて
←
医師に診断書を用意してもらい
←
自治体の窓口で申請をして発行されるのか
オレの場合診断を受けたのが10年以上前だから再度診断を受けることになるんだな!?
福祉課
障害者枠でやれる仕事ってなにがあるんだろう?
カタ
カタ
カタ
パン屋製造スタッフ
一般事務
ゲームテスター
軽作業スタッフ
造園業務
病理細胞診検査スタッフ
データ入力
銀行案内員
いろいろあるんだな~
でも車の仕事は見あたらない……
自然と車に関する職種を探している自分に気づいたんだ
求人サイト
ソクソクナビ
オレがやりたいのはやっぱり整備士なんだ

障害者手帳のこと調べてみたよ
障害者枠求人も見てみた
ピンとくる求人あった?
なかった!
だから一般就職で整備士を目指してみるよ
そぉ
今はまだ就職したいって思えないけど求人はちょくちょく見て探してみる
うんうん
とりあえず障害者手帳なしで自分の力だけでやってみようと思う

やっぱり抵抗を感じる？
そうじゃないよ手帳を持ってても他人に知られるわけじゃないみたいだし気にはしないよ
今自分に必要かどうか考えたんだ
障害年金をもらえたり税金や公共料金が割引になったり
交通機関の割引があったり優遇してもらえるメリットはあるけど
障害者手帳
自治体によってデザインは異なります
アルバイトしてるしまだ助けてもらわなくてもやっていけるからさ
そっか〜
リュウ太が働きやすい環境で仕事できたら自立に向けてもいいと思って提案したんだけど
そこまで考えて答えを出したならそれがいいんだろうね！

今のバイトがしんどいな～やめたいな～ってなったりしたらまた手帳のこと考えてみるよ
困ったときにたよれる福祉サービスがあるってことを知ってもらえてうれしいわ
手帳ってデリケートな話だからいつ話そうかって考えていたんだよね
反抗期だと話を聞いてくれないだろうし言えずにいたわ
ああー手帳とか知らねーよ
オレの場合は今でよかったと思うよ
そっか！
手帳のことがきっかけで社会には「福祉」というのがあって必要なときに利用することができるって知ったんだ

絵の仕事もいいな

テストで妄想

プロの視点

支援制度を利用すれば、就職の可能性が広がる

困りごとがなくても「制度を知っておく」「支援者とつながっておく」のは大事です！

◆障害がある人を対象とする就職ルートがある

前章（第7章）で説明したのは、ごく一般的な就職までのルートでした。発達障害がある人の場合は、それ以外に「障害者雇用」と「福祉的雇用」の2つのルートから就職できる可能性もあります。福祉的雇用は、障害の程度や体力の面から、一般的な就労が困難な人が対象なので、ここでは「障害者雇用」に限って話をすすめましょう。

◆制度を利用するためには、「障害者手帳」が必要

リュウ太くんは、障害者雇用を選びませんでしたが、一般企業の新卒採用と障害者雇用の採用の時期はズレているので、一般企業も公務員試験もダメだった場合、気持ちを切り替えてチャレンジするのも選択肢の一つです。

実際、私の相談者の中には、一般就労でうまくいかないことから、発達障害の診断を受け、ハローワークの障害のある人向けの窓口で登録し、障害者雇用で就職が決まった人もいます。障害者雇用で就職する場合、基本的には次ページの図のように「相談」「訓練」、そして企業などで実習を受けて「就労」に至るという3段階を経ることになります。

以下、この順で説明していきますが、障害者雇用は「障害者手帳」(以下、「手帳」)をもっている人が対象です。相談や訓練の一部は「福祉サービス受給者証」が交付されれば利用可能ですが、いずれにしても、あらかじめ自治体の窓口で申請して「手帳」か「受給者証」を用意しておく必要がある、という点には注意しましょう。

◆相談……より専門性が高いのは「地域障害者職業センター」

障害のある人の就労に関して相談できる主な機関は、143ページ「解説1」の4ヵ所です。少し補足説明します。

ハローワーク　誰でも利用できますが、求人の大部分は就労経験者が対象です。新卒者は「新卒応援ハローワーク」を利用しましょう(ただし、設置数は少ない)。若年層の利用者は、発達障害についてより高い専門性をもつ「就職支援ナビゲーター」と呼ばれる職員のサポートを受けられるかもしれないので、問い合わせてみるといいかもしれません。

発達障害者支援センター　どちらかというと他の支援機関への「つなぎ役」の性格が強いところです。「発達障害情報・支援センター」というウェブサイトで各地のセンターを簡単に探せます。

障害者就業・生活支援センター　「就業」とあるとおり就労支援も行いますが、私の実感では、たとえば買い物や交通機関の利用など、どちらかというと生活面での相談・支援を中心に担っています。

地域障害者職業センター　職業相談から適性の評価、さらには職場適応支援まで、より専門的に就業をサポートする機関です。ここで約3ヵ月かけて行

障害者雇用の流れ

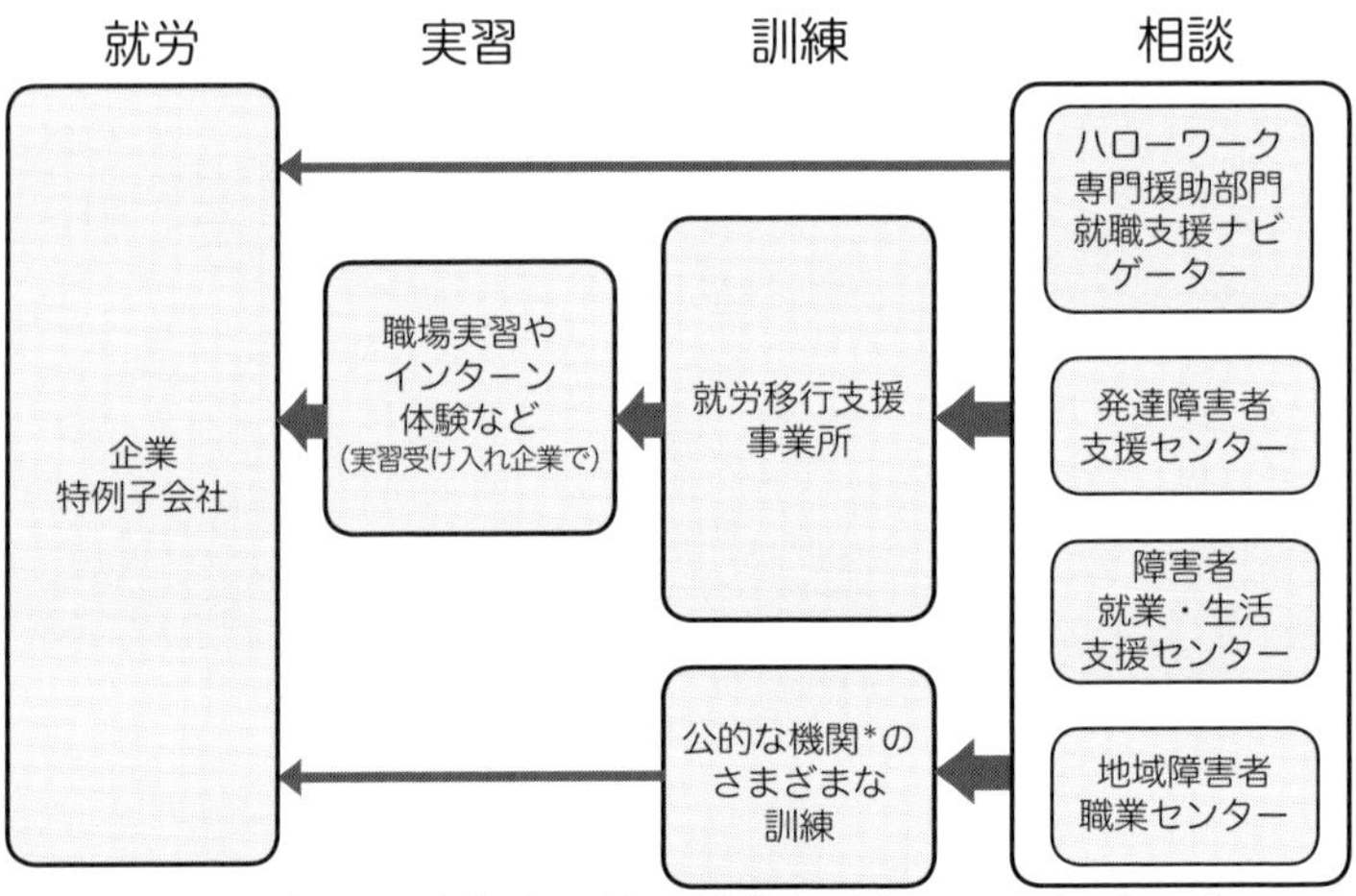

相談
訓練
実習
就労
ハローワーク
専門援助部門
就職支援ナビゲーター
発達障害者
支援センター
障害者
就業・生活
支援センター
地域障害者
職業センター
就労移行支援
事業所
公的な機関*の
さまざまな
訓練
職場実習や
インターン
体験など
(実習受け入れ企業で)
企業
特例子会社

*おもに、埼玉県と岡山県にある国立の「職業リハビリテーションセンター」や各都道府県の「障害者職業能力開発校」を指す

◆発達障害情報・支援センター（http://www.rehab.go.jp/ddis/）

われる「就労支援カリキュラム」を受講し、自分の特性を理解してから就職活動に入るのがおすすめです。

以上のほか、障害のある人を対象とする求人情報サイトや、民間の人材紹介会社などで私のようなキャリアアドバイザーに相談する方法もありますが、発達障害の特性を理解して対応できるところはほとんどないのが現状で、強くおすすめはできません。

◆訓練……「就労移行支援事業」を利用しよう。ただし、よく選んでから

さまざまな機関で訓練が行われていますが、ここではその中でもアクセス

解説1：「相談」に応じる機関

ハローワークの専門援助部門	ハローワーク（公共職業安定所）は全国にあり、障害者専用の求人を扱う窓口がある。障害者専用求人に応募するには「手帳」が必要
発達障害者支援センター	都道府県・指定都市ごとに設置されていて、子どもから大人まで、発達障害全般に関する情報提供や相談を受け付けている
障害者就業・生活支援センター	障害がある人の生活上の相談や支援を行っている。「手帳」がなくても、診断書がある人や社会生活が困難な人なら誰でも利用できる
地域障害者職業センター	都道府県ごとに設置されている、障害がある人の就業を全面的にサポートする機関。就業後のフォローアップまで行っている

解説2：「就労」する職場

特例子会社	障害がある人の雇用促進とその安定を図るため、事業主が特別な配慮のもと設立した会社。関東を中心に各地に517社ある（2019年時点）
一般企業の障害者枠	部署の規模にもよるが、1部署に障害がある社員1名を配置し、契約社員として採用したあと正社員に登用、というケースが多い

が容易で、より効果が見込める「就労移行支援事業」のサービスに絞って説明します。

サービス提供を担っているのが「就労移行支援事業所」です。障害のある人の企業への就職をサポートする通所型の福祉サービスで、地方自治体から指定を受けて運営されており、その数は2018年時点で3503にのぼります。

「就労移行支援事業所」の利用料金は、多くの人が無料ですが、前年度の所得に応じて自己負担が発生する場合もあります。利用期間は、原則2年間です。

就労移行支援事業所を利用するメリット

就業に向けての訓練は、前項で紹介した地域障害者職業センターでも行われていますが、就労移行支援事業所は訓練期間が長く、パソコン操作や文書作成などの実務を基礎から学べるところが特長です。

また、障害者枠がある企業や特例子会社と連携しており、個人では参加しにくい実習に参加して経験を積むことができるので、就職率は高いといえます。採用のときに、就労移行支援事業所を利用している人が優先されることもあります。

さらに、就職活動の支援はもちろんのこと、就業後も継続して支援が受けられるという意味でも、発達障害のある人にとって就労移行支援事業所がもつ役割は大きいと感じます。

就労移行支援事業所を選ぶ3つのポイント

メリットをいろいろ挙げましたが、事業所ごとに訓練内容は大きく異なります。就労が目的ですから、この事業所で一定期間訓練を受ければ就職できるという評価を得ている事業所を選ばなければなりません。事業所を見学し、就業実績も確認する必要がありますが、加えて以下の点には注意しましょう。

①しっかりしたカリキュラムがあるか

パソコンスキルなどの実務は当然ですが、それ以外に、職場で必要な「チームワーク」と「コミュニケーションの取り方」を学べるかどうかが最も大事です。

組織で働くために「報連相」が不可欠なことは、すでに第4章で指摘しましたが、それが実践的に学べるカリキュラムになっている事業所を選びましょう。グループワークを取り入れたり、シミュレーション（職員が上司役となり、利用者と「業務」に取り組む）を行っているところなどはおすすめです。

②企業実習が整っているか

就業実績のよい事業所は、実習先も豊富です。実際の職場で職務遂行を経験することにより、職場とはどのようなものか、身をもって理解できます。

③就職後の支援が充実しているか

就職が決まる＝ゴールではありません。就職後の6ヵ月間の「職場定着支援」と、7ヵ月目以降最大3年受けられる「就労定着支援」の実績が充実しているかどうかも確認しましょう。

◆就労……より手厚い支援が必要なら「特例子会社」を目指すのもいい

「特例子会社」と「一般企業の障害者枠」の2つがありますが、概要は143ページの「解説2」に記しました。

障害者枠で一般企業に就職した場合、障害のある社員が仕事をするうえで必要な配慮（たとえば感覚過敏に対する環境調整や、仕事の指示方法など）を自ら申し出れば対応してもらえますが、ほかの社員と同じように仕事を任されて働くのが一般的です。

特例子会社は、バリアフリーなどの設備面はもちろんのこと、障害内容を考慮して業務内容の切り出しを行うなど、障害や特性に対するサポート環境が整っているのが特長です。障害のある社員が大勢働き、経験がなくとも対応できるような業務が用意されています。

◆就職後のことも考えて「つながっておく」のが大事

私としては、就職活動にそれほど困難を感じていなくても、ここまでにご紹介した支援機関を早めに利用したほうがいいと考えています。

支援者の数は限られています。いざ困ったときに、即、助けてもらえるわけではないのです。また、就業前から支援を受けていないと、就業後のサポートはほぼ受けられないのが現状です。早めに支援機関とつながっておくことをおすすめします。

利用の際はインターネットの情報だけを見て決めるのではなく、実際に事業所を訪問しましょう。窓口となって対応してくれる担当者などに「どの支援機関がいいか」を相談し、その中でいくつかを実際に見学してから、自分に合っていると感じるところを選ぶようにするべきです。

概して障害者雇用は、「給料が安い」「単純労働」などといわれることが多いのですが、得意な仕事を任され、活躍している人も少なくありません。障害者枠での雇用も、初めから正社員採用されるケースは多いと言えませんが、能力を評価してくれる企業は増えてきています。

一般的なルートでの就職にこだわりすぎず、障害者雇用で就職し、そこからさらなるキャリアアップを目指してもよいのではないでしょうか。

9 仕事って「自分の表現」かもしれないね！

就活で
落ち込んだけど
その後すぐに
バイトを
週5日の出勤にして
励んでいた
いってきまーす
どた
どた
21歳
6月
バイトだけは
真面目に
行ってるよね～
いってらっしゃーい
勤務日数も
ふえたし
このままでも
いいのかもね……
遅刻する
プルルルルル
ん？
誰だろう
はい
もしもし

かなしろリュウ太さまの携帯でよろしいでしょうか？
はい そうです
ただいまっ お母さん聞いて聞いてっ
ばたばた
オレ△△社に採用されたよ！
へ？
今朝採用通知きたよ
えっ
マジ!! なんで今ごろ？
ぶほっ
2ヵ月以上もたっているのにどういうこと？

推薦してくれた
責任者が言うには
数時間前
ありがとう
ございます
△△社から
採用通知
もらえました
そうか
おめでとう！
でも なんで
この時期に？
てっきり不採用だと
思ってました
実は△△社から
リュウ太の
ここ2ヵ月間の
勤務状態を
聞かれたよ
たまに遅刻するけど
欠勤してないって
伝えておいたよ！
学校を
休みがちだった
人だと
すぐにやめることが
あるから
慎重に決めたん
だろうね
そうなん
ですかね!?
――ってことで
来月から
△△社の社員に
なるって
うわ――
よかったね
リュウ太

いや べつに 社員っていっても 今と変わらない んだけどね
勤務時間も 週休も 変わらないって やったね
ははは——
すごく うれしそう!
不採用だと 思ってたとき 本当はすごく 落ち込んでたんだろうな……
推薦してくれた 責任者の方に もう一度お礼を 言ってね!
了解
上司や先輩は リュウ太が 就職することになって 驚いたんじゃないの 「まさか お前が!?」って
ああ 先輩が 言ってたよ

整備士業界は人手不足だから不採用にはならないだろうって思ってた
だってさ
採用の決め手は人手不足か!
若者の車離れや少子化なんかで就職希望者が減ってるんだって
運転免許は取得していても車は持たない
車に興味がない
他の職種のほうが魅力的
だからオレでも採用になったんじゃね!?
そっか!
えーと喜んでいいとこ?
お母さんは2年間のアルバイトで遅刻も欠勤もほとんどなかったからじゃないかって思うよ
ふ〜ん
そういうもんかな?

入社から半年後
リュウ太が働いているって不思議だな
ん!? なんでさ
キィイイイ
だって授業中に先生の話を聞かず絵を描いたり工作したり気に入らないことがあるとすぐにカンシャクを起こしていた子が社会人だよ
成長するもんだな〜って思って
珍しいものを見る目
言っとくけど今は怒ったりしないからねっ
へーコントロールできてるの?
なるべく人前でニコニコするようにしてるんだよ それに周囲に気をつかうこともできるよ
じゃあ職場で発達障害があるって気づかれないようにふるまえるね
ああそれなら

職場の先輩たちには話してあるよオレ隠すのキライだし!
は!? 発達障害のこと話しちゃったの!
うん
正直に話してイジメられたりしない?
いやイジメられたことなんてないね
中学のときも専修学校のときも友だちや先生に話してた
え――変な目で見る人もいるから内緒にしておきなさいって言ったのに
発達障害だからってつき合いが悪くなるヤツもいないし
職場の先輩たちの態度が変わることもないよ
偏見がないいい人たちなんだね
うん理不尽なことを言う人がいないから気が楽だよ

まあオレは一番若いからドジな出来事をイジられたりするけど
そういうのはオイシイって思うようにしてる
ははははは
「気の持ちよう」だよね明るく受けとることができてるんだ
それはリュウ太の長所だね
不器用だから怒られてるんじゃないかって心配してた
指が短くて太いっていう体のハンデを感じることはある
怒られるほどの大失敗はしてないしできないことは相談するから問題ないと思う
次はP3の点検よろしく
はい
自分に回ってきた作業にはがんばって取りくんでるよ
やれる範囲のことを任せてもらってるから

取り外した部品を
再び取りつけるときとか
「これ忘れそうだな」って
思ったら
段ボール箱の中に
部品とメモを
入れておく!
メモすることで
覚えるから
忘れないですんでる
安全確認や
書類確認も
注意しながら
やってるよ
確認作業のときは
心が落ち着いてないと
集中できないって
わかってきた
うんソレ
わかるわ～
追加注文
大至急
本日中に
次から次へと
仕事をたのまれて
急かされたりする
職種じゃなくて
よかったよ
じっくり取りくめる
作業だから
やれるのかも
ある程度
マニュアル化
されてるのも
あってる気がする
車種・年式ごとに
整備マニュアルがある
整備
マニュアル
○○年
PCや専用アプリで
故障診断ができる
ツールがある
ゴールまでの道が
定まっているのは
働きやすいかもね

いい会社でよかったじゃない
うん そう思う
オレ やれることそれしかないし 続けられるところまで頑張ってみるよ
そうだね 自分のやれることで社会参加するのが一番だよね
リュウ太が仕事を続けてる間はお母さんもお弁当作りでバックアップを続けるよ〜
給料をもらうためにやるのが仕事だと思うけど 現場ではそういうことを忘れる瞬間がある 仕事＝自分 仕事って自分を表現できる場かもしれないって気がするんだ
あざーす
よろしく〜

プロの視点

職場の人と気持ちよく過ごす心がけを持とう

まずは「いい人間関係」を築きましょう！サポートを受けられる環境も欠かせません

◆職場には、誰も教えてくれない「暗黙のルール」がある

就職はうれしい出来事ですが、そこから社会人としての生活がスタートすることになります。働き始めたばかりの人は、当面の目標を「できる仕事を少しずつ増やすこと」「職場の人たちと良好な人間関係を築いていくこと」あたりに設定するといいでしょう。

一般に職場では、仕事がスムーズに進み、かつ成功裏に終われるよう、みんなが暗黙のうちに配慮しあっています。つまり暗黙のルールがあるのです。

たいがいの社員は、働く中でこの暗黙のルールを自然に感じ取り、お互いに気持ちよく仕事を進めるためのふるまいができるようになっていきます。そのため新入社員研修ではわざわざ教えないことも多いのですが、周囲の雰囲気を読むのが苦手な発達障害の人は、暗黙のルールに気づけなかったり、気づいてもそのルールの必要性がわからず、実行しないことがあります。

こうした暗黙のルールは職場によって異なりますが、私のもとを訪れた相談者がつまずいていた代表的なルールを次に挙げて、その必要性も説明しておきます。

★始業時刻の10分前には出社

制服のある職場なら更衣室で着替える時間を、外部からの問い合わせを受ける場所ではパソコンを立ち上げる時間を見込んでおかないと、始業時刻に業務を始められません。そのため、余裕をもって始業10分前には出社するのが一般的です。

★上司や同僚には挨拶をする

一日を気持ちよく過ごすため、一緒に働く人たちに挨拶するのは大事です。「なぜ挨拶しなければならないのですか?」と疑問を抱く人もいますが、「仕事はチームで行うので、一緒に仕事する人たちの協力が必要です。好印象をもってもらうと仕事がうまくいきやすく、そのためにも挨拶は欠かせません」と説明しています。

ただし、挨拶にはタイミングがあります。企業の人事担当者から「遅刻して出社する社員にも大声で挨拶する発達障害の人がいて困っている」と相談されたことがありますが、

「遅刻が目立ってしまうので、始業時刻を過ぎたら朝の挨拶の声はかけなくてよい」が暗黙のルールです。

★仕事を教わる姿勢を見せる

上司に仕事のことで呼ばれたら、すぐにメモと筆記用具をもって上司の席に向かいましょう。メモは備忘になるほか、真剣に聞く姿勢が相手に伝わるので大事です。

★業務以外の「つき合い」も大事

たとえば昼食を一緒にとるときなど、業務外の時間に先輩や上司から聞く話（雑談や体験談）は、自分が成長する糧になります。「雑談が苦手」「疲れる」という理由で一人で過ごしたがる発達障害の人も多いのですが、周囲に合わせてつき合うことも必要です。

新人の頃は仕事を覚えることだけに囚われがちで、同僚と信頼関係を築くことの大切さに気づけないことが多いものです。自分の仕事が早く終わったときにはほかの人に「手伝いましょうか？」と声をかけたり、上司から残業を依頼されたとき、できるなら快く引き受けることも、信頼を得るためには大事です。

以上のことについて、上司や周囲の人たちは「自然に覚えるだろう」という考え方を捨て、本人が一日も早く職場になじめるよう、ていねいに教えるのがよいでしょう。また、身近にロールモデル（お手本）となる先輩がいると、職場での過ごし方だけでなく、将来像もイメージしやすくなるので、そのような先輩がいないか本人に尋ね、考えるように促しましょう。

◆できれば支援機関とつながり、相談できる人を見つけておこう

仕事で行き詰まるのは、誰にでもあることです。そんなときのために、できれば相談できる人を見つけておきましょう。ただし、障害者手帳をもっているか否かで状況がだいぶ変わるので要注意です。

障害者手帳をもっている人の場合

第8章で紹介した就労支援機関を利用した人は、自分の支援者がもう決まっているはずです。就業開始後も「定着支援」を受けられるので、相談してみましょう。

就労支援機関を利用せずに自力で就職した人には支援者がいませんが、私は就職が決まった段階で、障害者職業センターなどの支援機関に登録することをすすめています。支援機関の予約は、必要になったときすぐに取れるとは限りません。セーフティネットだと考えて、支援者とつながるルートを確保しておきましょう。

障害者手帳をもっていない人の場合

障害者手帳がない人は、就業後に支援機関を頼れないため、身近で相談できる人を見つけておく必要があります。上司や先輩など、職場の人であれば理想的ですが、家族や友人などでもいいでしょう。同じような悩みをもつ当事者の集まりに参加して、話しやすそうな人を見つけるという方法もあります。

◆職場ではスキルアップが求められる。成長にはフィードバックが必要

発達障害のある人が職場で成長していくためには、パフォーマンスに対して上司がフィードバックをする必要があります。現在どのくらい仕事ができていて、いつまでに、どこまでできるようになればよいかがわかり、具体的で明確な目標が立つので仕事に打ち込みやすくなるからです。

フィードバックや評価、指導は部下を成長させるための対応です。成長のためには、上司も具体的に伝える必要があり、部下にもいったん真摯に受け入れる姿勢が必要です。

参考までに、職場での人材育成が成功した好事例を詳しく挙げておきます。

相談者のAさんは、発達障害の診断を受け、障害者雇用で経理事務補助として採用されました。職場では発達障害の人の受け入れは初めてでしたが理解があり、上司から「毎日

10分くらい雑談しましょう」と提案がありました。

上司は雑談の中で会社の事業についてだけでなく、社内の雰囲気やほかの社員のことなども詳しく教えてくれたので、Aさんは会社についての理解が一気に進みました。

Aさんには聴覚過敏や聞き取りの弱さなどといった特性がありましたが、席を壁際の静かなところに配置したり、業務マニュアルを用意するなど、支援は適切でした。

雑談のほかに、定期的に上司との面談が行われましたが、そこでAさんは、「あなたはテンキーの入力のスピードが遅いので、毎日自宅で10分練習してください」と言われたそうです。

発達障害の人は、「練習しなさい」という漠然とした言い方では実行に移せないことがありますが、「毎日10分練習」と具体的な目安まで挙げた指示は、的確なアドバイスでした。助言通りに練習したAさんの入力スピードは、あっという間に向上したそうです。

さらに6ヵ月後の面談では、「あなたは今、会社があなたに期待する業務の6割ができています。半年後には8割できるようにしましょう。そのためにはあと○○の業務と△△の業務ができるようになりましょう」と上司に言われました。

Aさんは次の目標を具体的に教えられたことでモチベーションがアップしました。自分の力を伸ばすために自主的に簿記の講座を受講し、頑張っています。

監修者あとがき

リュウ太くんのエピソードを、あなたはどのように読んだでしょうか。思いがけない幸運で就職が決まったようにも見えますし、コネがあったから採用されたようにも見えるでしょう。どちらの解釈も、ちょっと物足りないと私は思います。

彼が成功したポイントは2つあります。一つは、「進路選択」です。リュウ太くんは第4章などで「車の仕事をやりたかった」とはっきり言っています。自動車の整備は、彼の好みの仕事だったわけです。「自分の好きなことに取り組むときの、興味・関心の強さと集中力」は、発達障害の特性の一つ。ほかの特性に起因するさまざまな「苦手」「困難」があっても、好きなことをするときは頑張れるのです。

資格取得を後押しする仕組みがある専修学校を選んだり、自動車販売店でアルバイトを始めたりといった行動を通じて、リュウ太くんは自分の「好きなこと」を専門性に変え、さらに仕事につなげていきました。それらは結果的に、将来への布石になりました。

もう一つは、「周囲に合わせる努力」です。リュウ太くんは、職場の人と親しくなると仕事がしやすいことに気づいていました。また、アルバイトでの失敗経験などを通じて、「報連相」などコミュニケーションの大切さも実感できました。

だから彼なりに、「スマホを見るのを控えて会話する」「お酒が飲めなくても飲み会に参加して親睦を深める」「自分にしかできない送迎で周囲の役に立つ」といった工夫をして、職場の人たちと良好な関係を築いていたのです。もちろん、仕事には真摯に取り組み、工夫を欠かさず、業務のコツを自分なりにつかんでいました。

周囲とうまくつき合えて、勤務態度も真面目——そんな人は、今後も成長を続け、職場に不可欠な人材となることでしょう。採用されても何ら不思議ではありません。

好きなことをやれば必ずうまくいく、というわけではありませんし、周囲に合わせようと無理をしすぎるのも、いいことではありません。何がいい選択かは、人によって異なります。ですが、リュウ太くんが就職までにたどった道のりから、私たちは多くのヒントを見つけることができたのではないでしょうか。

そのヒントを、ぜひこれからの生活に活かしていただければと思います。

２０２０年11月

石井京子

著者あとがき

「働くこと＝社会貢献」——本書の監修・解説を担当してくださった石井京子さんは、そうおっしゃっているように感じます。

先日、といっても本書制作中の8月のことですが、息子が「猛暑で現場の環境がツライから転職したい」とグチっていました。石井さんの解説を読んでいた時期でもあり、ふと、この「社会貢献」という言葉が浮かんだので、「あなたの仕事は働く人の足を支える役に立っている。車を整備する人がいないと日本の経済は回らないんだよ」と伝えたところ、「そうなんだ！　じゃあ頑張ろう。結局オレは、これしかできないしな」と気を取り直した様子でした。好きな仕事に就いても、グチの一つは出るものです。それは大目に見るとして、キツイ仕事は使命感やまわりの励ましがないと続けられません。「人のためになる」という思いが、働く意欲を引き出していくんだ、と実感した出来事でした。

私も、10代～20代の頃は「仕事＝生きていくため」「働けば賃金を得られる」という程度の考えしかありませんでした。モチベーションが上がらず、生きづらさを感じたこともありましたが、「自分がやっていることは、誰かの役に立っている！」と意識できるようになってからは、どの仕事もていねいに、やりがいを持ってできるようになりました。

無駄な仕事なんて一つもない、みんな誰かのために生きている。この本も、これから社会に飛び立つ若い人たちのためになればいいな～と願って執筆しました。最後まで読んでいただきありがとうございました。監修・解説の石井京子さん、編集を担当してくださった中満和大さん、宇野智子さん、森祐子さんにお礼を申し上げます。

２０２０年11月

かなしろにゃんこ。

【装幀】
山原　望

【漫画編集・本文デザイン】
宇野智子

【解説編集】
森　祐子（七七舎）

著者　かなしろにゃんこ。
千葉県生まれ、漫画家。「なかよし」でデビュー。発達障害がある息子との日々を描いた『漫画家ママの　うちの子はADHD』『うちの子はADHD　反抗期で超たいへん！』（ともに田中康雄監修）、『発達障害　僕にはイラつく理由がある！』（前川あさ美監修・解説、いずれも講談社）など、多数の作品がある。ポータルサイト「LITALICO発達ナビ」（https://h-navi.jp/）でコラムを好評連載中。

監修・解説　石井京子（いしい・きょうこ）
東京都生まれ、一般社団法人日本雇用環境整備機構・理事長。大学卒業後、通信会社勤務を経て、障害がある人のための人材紹介事業に従事。発達障害の分野でもいち早く人材紹介に取り組み、これまでに700人をこえる当事者の相談に応じてきた。2010年に企業への啓発のため日本雇用環境整備機構を設立し現職に就任、執筆や講演活動も積極的に行っている。『発達障害の人の雇用と合理的配慮がわかる本』（池嶋貫二らとの共著、弘文堂）など著作多数。

発達障害《はったつしょうがい》で問題児《もんだいじ》　でも働《はたら》けるのは理由《ワケ》がある！　　こころライブラリー

2020年12月15日　第１刷発行
2022年11月28日　第３刷発行

著　者　かなしろにゃんこ。
監修・解説者　石井《いしい》京子《きょうこ》
発行者　鈴木章一
発行所　株式会社講談社
郵便番号112-8001
東京都文京区音羽2-12-21
電話　編集　03-5395-3560
販売　03-5395-4415
業務　03-5395-3615
印刷所　株式会社新藤慶昌堂
製本所　株式会社若林製本工場

KODANSHA

N.D.C.143　167p　21cm

ISBN978-4-06-521607-1